Rolf Krenzer

DAS MACHT DER SOMMERSONNENSCHEIN

Neue Geschichten, Spiele und Lieder
von Rolf Krenzer und Martin Göth

Mit vielen bunten Bildern
von Iris Buchholz, Stefan Horst und Elke Junker

Verlag Ernst Kaufmann

Zu den sechzehn neuen Liedern dieses Buches
gibt es eine CD von Martin Göth,
die beim Verlag Ernst Kaufmann
unter der Nr. 3-7806-2479-6
bestellt werden kann.

Die Deutsche Bibliothek – CIP-Einheitsaufnahme

Das macht der Sommersonnenschein : neue Geschichten,
Spiele und Lieder / von Rolf Krenzer und Martin Göth.
Mit vielen bunten Bildern von Iris Buchholz ... –
Lahr : Kaufmann, 1999
ISBN 3-7806-2477-X

1. Auflage 1999*

Printed in Germany
Hergestellt bei Kösel GmbH, Kempten
ISBN 3-7806-2477-X

Inhaltsverzeichnis

Wir machen viel zusammen

Vorwort

Das macht der Sommersonnenschein, dass Kinder und ebenso ihre Erzieherinnen und Eltern es nicht lange drinnen im Haus aushalten, sondern jeden Tag und immer wieder hinaus wollen, um Neues zu erleben und die Schönheit der Schöpfung immer wieder neu zu erfahren.

Dieses Buch will Kinder und Erwachsene, die mit Kindern zusammenleben, durch den Sommer begleiten. Die Geschichten, Lieder, Spiele und Gedichte wollen dazu anregen, mit offenen Augen durch den Tag zu gehen und den Sommer mit allem, was er uns schenkt, zu erleben. Bereits am Morgen scheint die Sonne durch das Fenster herein und lockt uns ins Freie. Vor uns liegt ein ganzer Tag voll Sonnenschein. Und wenn es einmal regnet, tut das unsrer guten Sommerlaune auch nur wenig Abbruch. Abends, wenn wir uns zum Schlafen hinlegen, ist es immer noch hell.

Jedenfalls werden der Wettermax und die Monika im Wetterhäuschen von allen Kindern genau beobachtet und die Monika mit ihrem Regenschirm ebenso begrüßt wie der Max, der hellen Sonnenschein verspricht. Eine Geschichte, die dazu anregen kann, in der Gruppe mit allen Kindern einmal mit ersten Wetterbeobachtungen zu beginnen.

Darauf folgen in drei großen Kapiteln kunterbunte Angebote, die aufzeigen, was Kindern in dieser frohen Jahreszeit besondere Freude bereitet und was den Sommer ausmacht.
Spiele und Lieder für drinnen und draußen erzählen davon, wie die Tiere Sommerfest feiern, wie die Indianer und Cowboys gerade in dieser Jahreszeit auf dem Spielplatz fröhliche Urständ feiern und wie die Lust zu verreisen gerade im Sommer immer größer wird. Alle diese Spiellieder eignen sich vorzüglich dazu, von vielen Kindergruppen beim Sommerfest den Eltern und anderen Gästen vorgestellt zu werden.
Besondere Beachtung verdient dabei das Spiel „Wir gehen spazieren im Sonnenschein", das mit seinen vielen Liedern ein allererstes ganz einfaches Kinder-Musical darstellt, bei dem auch bereits die Jüngsten mitspielen können. Unabhängig von dem Rahmen können alle Lieder auch für sich stehen und stellen jeweils einen besonderen Höhepunkt des Sommers in den Mittelpunkt. Alles Lieder, die sogleich in ein spontanes Spiel umgesetzt werden können, an dem sich alle beteiligen können.
So vieles kann im Sommer geschehen: Ein Geschwisterchen wird geboren, im Garten wird gegrillt, Kinder bereiten sich auf den ersten Tag im Kindergarten vor. Prall gefüllt ist der Sommer. Und immer noch zu kurz.
„Haltet den Sommer fest!", heißt das Spiel auf den letzten Seiten des Buches. Doch wenn dann der Herbst einzieht, warten bereits wieder neue erlebnisreiche Tage.
Alle Lieder von „Das macht der Sommersonnenschein" sind neu. Sie wurden wieder von Martin Göth komponiert und mit vielen Kindern und auf Originalinstrumenten aufgenommen. Eine CD mit allen Liedern ist unter dem gleichen Titel beim Verlag Ernst Kaufmann zu beziehen.
Der Verlag hält auch die Fortsetzung im Buch und mit vielen Liedern auf CD bereit: Dann heißt es: Jetzt malt der Herbst die Äpfel an.

WIR FREUN UNS,
WEIL JETZT
SOMMER IST

Wenn der Sommer kommt

Text: Rolf Krenzer, Melodie: Martin Göth

2. Da hält's keiner aus.
Kommt mit mir hinaus
und stimmt alle froh mit ein:
So schön,
so schön
kann es nur im Sommer sein.

Refrain:
La la lalalala la,
la la lalalala la,
endlich ist der Sommer da.

3. Beim Spazierengehn
kann man so viel sehn!
Drum stimmt alle froh mit ein:
So schön,
so schön
kann es nur im Sommer sein.

Refrain:
La la lalalala la ...

4. Bleibt nicht draußen stehn,
wenn wir baden gehn
und stimmt alle froh mit ein:
So schön,
so schön
kann es nur im Sommer sein.

Refrain:
La la lalalala la ...

5. Ohne Strümpf' und Schuh
gehn wir immerzu.
Drum stimmt alle froh mit ein:
So schön,
so schön
kann es nur im Sommer sein.

Refrain:
La la lalalala la ...

6. Wird es uns zu heiß,
gibt's ein kaltes Eis!
Drum stimmt alle froh mit ein:
So schön,
so schön
kann es nur im Sommer sein.

Refrain:
La la lalalala la ...

7. Dass ihr's nicht vergesst:
Zu dem Sommerfest
ladet alle Leute ein.
So schön,
so schön
kann es nur im Sommer sein.

Refrain:
La la lalalala la ...

Die Geschichte vom Wettermax und der Monika

Der Wettermax und die Monika waren zwei bunt angemalte Püppchen aus Holz, die in dem Wetterhäuschen auf dem kleinen Regal neben dem Fenster wohnten.
Sollte es Regen geben, dann kam die Monika mit ihrem riesigen blauen Regenschirm heraus. Wenn es aber schönes Wetter gab, dann erschien der Wettermax. Er hatte einen zugeklappten Regenschirm über dem Arm hängen und lachte so fröhlich, dass jeder sehen sollte, wie sehr er sich über den Sonnenschein und den blauen Himmel freute.
Nun ging es bei dem Wettermax und der Monika so zu wie bei den Wetterfröschen und der Wetterkarte im Fernsehen. Manchmal stimmte die Vorhersage einfach nicht.
Einmal passierte es, dass der Wettermax fröhlich lächelnd vor dem Häuschen stand und draußen regnete es Bindfäden.
Da schimpften die Leute auf den Wettermax und auf das ganze Wetterhäuschen, denn sie waren im Regen patschnass geworden und mussten sich trockene Kleider anziehen.
„Man kann sich auf nichts mehr verlassen!“, sagten sie. „Nicht einmal mehr auf das Wetterhäuschen!“
Und als der Wettermax schnell wieder in das Wetterhäuschen hineinging und die Monika mit ihrem Schirm herauskam, riefen sie: „Jetzt brauchen wir dich auch nicht mehr!“
Da waren der Wettermax und die Monika beleidigt. Nur weil sie sich einmal irrten, taten die Leute so, als würden sie immer das Wetter falsch ankündigen! Sollten sie sich doch ihr Wetter selbst vorhersagen!
Monika lief mit einem gewaltigen Schwung in das Wetterhäuschen zurück. Weil aber der Wettermax zur gleichen Zeit wieder hinaus

wollte, prallte sie gegen den Pfosten an der Tür des Häuschens und blieb stecken.
So stand die Monika nun vor dem Wetterhäuschen Tag für Tag. Mal war der ganze Tag voll Sonnenschein, mal regnete es in Strömen. Immer stand die Monika vor dem Wetterhäuschen und konnte nicht wieder hinein.
Die Leute aber nickten ihr freundlich zu, wenn sie bei strahlendem Sonnenschein hinausgehen wollten. „Du hast Recht!“, sagten sie. „Man sollte einen Schirm mitnehmen! Wer weiß, ob es heute nicht doch noch regnen wird!“
Fortan fragten sie gar nicht mehr nach dem Wettermax, der drinnen im Wetterhäuschen stand und nicht mehr herauskommen konnte.
Beinahe hätten die Leute den Wettermax vergessen. Nur die kleine Leonie sah immer wieder zu dem Wetterhäuschen hin und machte sich ihre Gedanken. Sie hatte den Wettermax immer so gern gehabt. Deshalb tat es ihr Leid, dass er sich nie mehr vor dem Häuschen zeigte.
„Das kann doch gar nicht sein!“, sagte sie eines Tages und schob sich einen Stuhl so dicht an die Wand, dass sie bis zu dem Regal hinaufreichen konnte, auf dem das Wetterhäuschen stand.
Als sie es aber herunter nehmen wollte, kriegte sie es nicht richtig zu fassen und es rutschte ihr aus den Händen. Gut, dass es auf den wei-

chen Teppich fiel! So blieb das Häuschen mit seinen beiden Püppchen heil.
Blitzschnell kletterte die kleine Leonie vom Stuhl. Und weil sie draußen die Mutti kommen hörte, die überhaupt nichts vom Stuhlklettern hielt, packte sie ebenso schnell das Häuschen, kletterte noch einmal auf den Stuhl und stellte es mit einem Schwung auf das Regal zurück.
Sie hatte gerade noch so viel Zeit, dass sie wieder hinunter klettern konnte.
„Stell doch den Stuhl an den Tisch!“, sagte Mutti und Leonie beeilte sich, ihn an seinen Platz zurückzustellen.
„Oh!“, sagte Mutti plötzlich und blickte hinüber zu dem Regal. „Jetzt ist ja auf einmal der Wettermax wieder draußen!“
„Es ist ja auch Sommer!“, lachte die kleine Leonie. „Da muss jeden Tag die Sonne scheinen!“
Sie schaute zum Wetterhäuschen und freute sich, dass der Wettermax strahlend und froh davor stand und den ganzen Tag nur Sonnenschein versprach.
Die Monika aber saß drinnen im Häuschen und war froh, dass sie endlich losgekommen war und alles nun wieder seine Ordnung hatte. Aber das konnte die kleine Leonie nicht sehen.

Glücksklee

Gleich am ersten Tag war Carolin vom Ferienhaus zum nahen Wald gelaufen und hatte ihn auf einer winzigen Lichtung entdeckt: lauter Klee mit vier Blättern.
Ein Kleeblatt pflückte sie sogleich ab. Noch eins und dann noch ein drittes.
Vierblättriger Klee ist sehr selten. Glücksklee nennen ihn die Leute. Wer Glücksklee findet, hat ganz viel Glück!
Und hier wuchs so viel Glücksklee, dass Carolin es nicht glauben konnte.
Sogleich lief sie zum Ferienhaus zurück. Sie musste doch den anderen den Glücksplatz zeigen! Aber sie suchten den ganzen Wald ab und konnten die Lichtung nicht finden.
„Hier war es!“, rief Carolin immer wieder. „Oder vielleicht hier!“
„Es ist wie verhext!“, sagte sie schließlich traurig, als sie heimgingen.
„Wenn man das Glück erwischt, muss man gleich fest zufassen!“, lachte Papa.
Und Mutti fügte hinzu: „*Ein* Glückskleeblatt ist genauso gut wie viele!“
Caroline nickte. Doch seitdem schaut sie auf jeder Wiese und auf jeder Waldlichtung nach. Vielleicht findet sie ja doch noch einmal so viel Glücksklee wie damals.

Kleine bunte Seifenblase

Kleine bunte Seifenblase,
fliege durch die Welt.
Passt gut auf,
dass sie nicht zerschellt
und zusammenfällt.

Zart wie eine Seifenblase
fängt die Freundschaft an.
Passt gut auf,
dass sie wächst und dann
nicht mehr zerbrechen kann.

Schöner noch als Seifenblasen
ist es, du wirst sehn,
ganz bestimmt,
wenn wir uns verstehn
und zusammengehn.

Dass sich im Sommer jeder freut

Text: Rolf Krenzer, Melodie: Martin Göth

2. Im Garten warten sicherlich
die roten Kirschen schon auf dich.
Johannisbeeren warten auch.
Bald hast du einen Beerenbauch.

Refrain:
Das macht allein, das macht allein
der helle Sommersonnenschein.

3. Dass jede Biene fröhlich summt
und jede Hummel freundlich brummt,
und kommen Vögel nah heran
und fangen froh zu zwitschern an.

Refrain:
Das macht allein ...

4. Und wer dich trifft, bleibt stehn und staunt,
denn du bist heut so gut gelaunt,
dass du vor Freude pfeifst und singst
und über tausend Gräben springst.

Refrain:
Das macht allein ...

5. Läufst du zum Kletterbaum hinaus
und ruhst dich faul im Schatten aus
und gießt dir Limonade ein,
sag, was kann da noch schöner sein?

Refrain:
Das macht allein ...

Spiele für draußen

Wächter vor der Burg

Wir bauen eine Burg aus Konservendosen oder großen Bauklötzen. Davor stehen zwei Kinder als Wächter. Die übrigen Kinder versuchen nun, mit weichen Bällen die Burg einzuwerfen. Die Wächter müssen die Bälle auffangen.
Wem es gelingt, die Burg zu betreten, tauscht seine Rolle mit einem der Wächter.

Wind, Wind, blase

Wir spannen im Garten ein Seil von einem Baum zum anderen. Dann hängen wir an langen Schnüren unterschiedliche Gegenstände daran auf: Glöckchen, verschiedene Topfdeckel, Pappe- und Papierstreifen, Messer und Löffel, leere Dosen, Holzperlen, Wäscheklammern und alle möglichen anderen Dinge. Wenn der Wind über die Gegenstände streicht, können wir mit geschlossenen Augen zuhören und raten, welches Geräusch von welchem Gegenstand stammt.

Kinder-Cocktail für heiße Sommertage

Wenn Lenas Eltern Gäste haben, sitzen sie oft im Garten. Dann bieten die Eltern Wein oder einen Cocktail an. Oft kommen auch die Kinder mit und dann dürfen sie sich einen richtigen Sommer-Kinder-Cocktail mixen.
Jedes Kind bekommt ein großes Glas.
Folgende Zutaten werden nacheinander hineingegeben:

- ½ Likörglas Zitronensaft
- ½ Likörglas Orangensaft
- 1 Tasse Selterswasser
- 2 Eiswürfel
- ½ Zitronenscheibe
- ½ Apfelsinenscheibe (oder drei Erdbeeren oder ein halber in kleine Stücke geschnittener Pfirsich).

Das schmeckt so gut, dass es alle Erwachsenen auch probieren möchten.
Außerdem ist es ein tolles Getränk, das man seinen Gästen beim Kindergeburtstag im Sommer anbieten kann.

Gefüllte Brötchen

Den ganzen Nachmittag haben Nina und Lena mit Jessica im Garten gespielt.
„Wir haben Hunger!“, schreit Jessica, als sie mit ihren Freundinnen in die Küche stürmt.
„Wollt ihr ein Marmeladenbrot?“, fragt ihre Mutter. „Oder ein Schmalzbrot? Wir haben auch noch Brötchen, hartgekochte Eier und drei gebratene Frikadellen von gestern!“
„Dann gibt es gefüllte Brötchen!“, ruft Jessica. „Die sind lecker!“
Sie geht zum Kühlschrank und holt die Frikadellen heraus. Ihre Mutter legt etwas Selleriegrün, eine grüne Paprikaschote und drei Eier bereit.
Die Kinder schälen die Eier und dürfen das Eiweiß gleich essen. Die Eidotter kommen in eine Schüssel.
Nun werden die übrigen Zutaten klein geschnitten und dazugegeben, mit Salz und Pfeffer gewürzt und dann wird alles mit 1½ Esslöffeln Öl verrührt.
Jetzt schneidet Jessica die Brötchen auf einer Seite auf, holt das Weiche heraus und füllt sie mit der Masse, die sie gemeinsam angerührt haben.
„Das schmeckt!“, rufen Nina und Lena, als sie ihre Brötchen essen. „Das müssen wir zu Hause unbedingt auch einmal probieren!“
„Und was machen wir mit dem, was du aus den Brötchen herausgeholt hast?“, fragt Lena dann.
„Das esse ich als Nachtisch mit etwas frischer Erdbeermarmelade obendrauf!“, lacht Jessica und holt bereits das Marmeladenglas und ein Messer.
Natürlich wollen Nina und Lena auch davon etwas abhaben.

Beerenpfannkuchen

Dieser Pfannkuchen schmeckt so gut, dass man ihn immer wieder essen möchte.
Für zwei Pfannkuchen brauchen wir:

- 2 Eier
- 2 Teelöffel Mehl
- 2 Teelöffel Wasser
- 2 Teelöffel Butter oder Margarine
- etwas Zucker und etwas Salz
- pro Pfannkuchen zwei Esslöffel gezuckerte Johannisbeeren, Heidelbeeren, Brombeeren, Himbeeren oder Apfelmus. Wir können auch Erdbeeren oder Kirschen in kleine Stücke schneiden und zuckern.

Zuerst schlagen wir die Eier auf und verquirlen sie in einer Schüssel mit dem Mehl, dem Wasser, dem Zucker und dem Salz. Dann erhitzen wir das Fett in einer beschichteten Pfanne und gießen die Hälfte des Teiges hinein.
Anschließend verteilen wir die Beeren oder das Obst darauf und lassen den Pfannkuchen bei schwacher Hitze „stocken“. Dabei versinken die Beeren fast vollständig im Teig.
Nun legen wir den ersten Beerenpfannkuchen auf einen Teller und backen den zweiten. Wer Lust hat, kann danach noch etwas Puderzucker über die fertigen Pfannkuchen streuen.
Guten Appetit!

Vom Morgen zum Abend

Am Morgen

Wach auf, mein Kind!
Weißt du nicht, mein Kind,
dass man viel im Bett versäumt?

Das stimmt doch nicht!
Denn du weißt ja nicht,
was ich eben noch geträumt!

Guten Tag

Ich wünsch dir einen guten Tag
und dass dich heute jeder mag.
Und wenn dich einer gar nicht mag,
dann sag ihm trotzdem: „Guten Tag!"

Regenwetter

Wenn's heute regnet,
mach dir nichts draus.
Stiefel und Umhang,
die halten was aus.

Sonnenschein

Lass den hellen Sonnenschein
zu dir in dein Zimmer rein.
Und bei dir im Zimmerlein
wird's gleich viel, viel schöner sein.

Ist das eine Hitze!

Ich stöhne und ich schwitze!
Ist das eine Hitze!
Da hänge ich am Wiesenrain
die Füße in den Bach hinein.
In der heißen Sonnenglut
tut das gut!

Heiß! Heiß! Heiß!

Mutti, mir ist zu heiß!
Gibst du mir ein Eis?
Sieh, wie mich die Hitze schafft!
Gibst du mir Orangensaft
oder Limonade?
Nichts im Haus? Wie schade!
Nur noch kalter Tee?
Nee!

Gute Nacht!

Gute Nacht! Gute Nacht!
Es geht der Tag zu Ende nun,
drum wollen wir vom Tag ausruhn,
der uns so müd gemacht.
Gute Nacht!

Schlaf nur ein!

Schlaf nur ein, mein Kind,
draußen weht der Wind.
Drinnen ist es weich und warm.
Und du liegst in meinem Arm.
Weil wir hier geborgen sind,
schlaf nur ein, mein Kind!

Leise! Ganz leise!

Leise, ganz leise!
Der Mond geht auf die Reise.
Oben in dem Apfelbaum
hängt für unser Kind ein Traum.
Und am Himmel droben zieht
sacht ein zartes Schlummerlied.
Leise, dass es keiner weckt
und mein Kind erschreckt.

Wenn mein Teddy schlafen will

Wenn mein Teddy schlafen will,
muss alles leise sein.
Ist es ruhig, ist es still,
schläft mein Teddy ein.
Doch macht einer Krach,
nur ein bisschen Krach,
ist – bitte sehr –
gleich hinterher
mein Teddybär
auf einmal wieder wach
und fängt ganz leis zu brummen an,
sodass auch ich nicht schlafen kann.

Alles schläft jetzt

Es schläft der Kater und das Kätzchen,
das Mäuschen suchte sich ein Plätzchen,
und einen Platz hat jedes Schätzchen.
Ist unser Hund auch noch so klein,
nein, nein, nein,
der darf nicht in dein Bett hinein!

Hallo, wir reisen um die Welt

Text: Rolf Krenzer, Melodie: Martin Göth

Refrain:
Hallo, wir reisen um die Welt ...

2. Wir reisen weiter! Seht nur her!
Ja, wir sind gar nicht dumm!
Mit den Indianern tanzen wir
jetzt um das Lagerfeuer,
jetzt um das Lagerfeuer
beim Büffeltanz herum.

Refrain:
Hallo, wir reisen um die Welt ...

3. Nun fliegen wir nach Afrika
zur Karawanserei.
Die Karawane wartet schon
und mit der Karawane,
ja, mit der Karawane,
da reiten wir vorbei.

Refrain:
Hallo, wir reisen um die Welt ...

4. Australien wartet jetzt auf uns.
Ja, seht euch das nur an:
Wir springen wie die Kängurus
von einem Platz zum andern,
von einem Platz zum andern,
so weit es jeder kann.

Refrain:
Hallo, wir reisen um die Welt ...

5. In China steigen wir dann aus.
Nun holt die Räder raus!
Wir steigen auf und radeln nun,
so wie es die Chinesen,
so wie es die Chinesen
hier immer wieder tun.

Refrain:
Hallo, wir reisen um die Welt ...

6. Am Südpol steigen wir jetzt aus.
Viel Eis und Schnee gibt's hier.
Seht euch das an! Kommt alle her!
Wie Pinguine watscheln,
wie Pinguine watscheln
wir nun vom Strand zum Meer.

Refrain:
Hallo, wir reisen um die Welt ...

7. Mit der Rakete fliegen wir,
so hoch man fliegen kann.
Auf einem Stern gehn wir spaziern
so wie die Astronauten.
So wie die Astronauten
kann's jeder mal probiern.

Zu den einzelnen Strophen treten immer andere Gruppen in Kostümen auf, z.B. die Pinguine, die Astronauten, die Indianer usw. Die jeweilige Strophe kann mehrmals hintereinander gesungen werden, sodass die Gruppen auch zur Geltung kommen und etwas Typisches zeigen können.
Wir können uns aber auch von Strophe zu Strophe immer wieder in eine neue Gruppe verwandeln. Wir brauchen uns dazu noch nicht einmal zu kostümieren, sondern stellen das, was wir in den Ländern erleben, pantomimisch dar (Rad fahren wie die Chinesen, tanzen wie die Indianer usw.)
Der Refrain kann als Verbindungsstrophe zu ganz unterschiedlichen Liedern eingesetzt werden.

BEI UNS ZU HAUSE
IST WAS LOS

Das wird bestimmt ein schöner Tag

Manuel blinzelte in das helle Sonnenlicht hinein, das durch das geöffnete Fenster hereindrang und ihn blendete. Er war immer noch halb in seinem Traum. Auf dem Rücken eines Vogels war er über die Welt geflogen. Manchmal war ihm fast schwindlig geworden, wenn er hinunter blickte. Schwindlig aber auch vor Freude und vor Glück. Schön war es gewesen mit dem fremden Vogel. Wunderschön!
„Aufstehn, Manuel!" Seine Mutter stand in der geöffneten Tür seines Zimmers. Doch dann verstummte sie plötzlich und legte ihren Finger auf den Mund. „Pst!", flüsterte sie und zeigte auf die Fensterbank neben ihm.
Da sah Manuel den kleinen Vogel auch. Er hockte da und blickte ihn an. Dann breitete er die Flügel aus und flog davon – mitten hinein ins Sonnenlicht.
„War er die ganze Nacht hier bei dir?", fragte die Mutter und lachte Manuel an.
„Vielleicht!", antwortete Manuel nachdenklich und nickte dann. „Ich glaube, ich habe von ihm geträumt!"
„Dann wird heute ein schöner Tag!", sagte die Mutter.
Manuel sprang fröhlich aus dem Bett und rief: „Ja, ganz bestimmt!"

Dieser Tag

Morgenlied

Text: Rolf Krenzer, Melodie: Martin Göth

2. Dieser Tag, dieser Tag
   ist ein Tag, wie ich ihn mag!
   Lacht der helle Sonnenschein,
   kann man doch nur fröhlich sein.
   Darum wünsch ich allen heut
   einen guten Tag!

3. Dieser Tag, dieser Tag
ist ein Tag, wie ich ihn mag!
Regen macht uns auch nichts aus.
Lacht den Regen einfach aus!
Darum wünschen wir uns heut
einen guten Tag!

4. Dieser Tag, dieser Tag
ist ein Tag, den jeder mag!
Alle haben sich doch heut
auf den neuen Tag gefreut.
Darum wünschen wir uns heut
einen guten Tag!

Komm mich mal besuchen

Komm mich mal besuchen.
Ich back dir einen Kuchen
und brat dir eine Wurst
und hab was für den Durst.
Vor allem aber habe ich
dann viel, viel Zeit für dich.
Denn wenn du kommst,
dann bin ich soooooo
unendlich froh.

Karlson kauft ganz allein ein

Weil Karlson nach den Sommerferien in die Schule gehen wird, meint Mama, dass er nun ein bisschen selbstständiger werden müsste. Deshalb soll er jetzt auch ganz allein einkaufen lernen.

Karlson geht gern zu Frau Krumnow in der Krämergasse. Wenn er mit Mama zusammen dort einkauft, hat sie immer etwas für ihn. Vor der Tür des kleinen Lebensmittelladens wiederholt er noch einmal im Kopf, was er einkaufen soll. Als er aber an der Ladentheke steht und Frau Krumnow ihm freundlich zunickt, hat er alles vergessen.

„Hm“, sagt er und sieht Frau Krumnow fragend an.

„Sollst du ein Brot holen?“

Karlson schüttelt den Kopf.

„Käse?“

„Nein.“

„Butter?“

„Vielleicht Gummibärchen?“, meint Karlson hoffnungsvoll.

Doch jetzt schüttelt Frau Krumnow entschieden den Kopf. „Bestimmt nicht!“

Karlson blickt sich in dem Laden um. Warum muss es hier auch so viele Sachen geben!

„Hast du denn keinen Zettel?“, fragt Frau Krumnow schließlich.

„Ich bin jetzt groß und kann alles im Kopf behalten!“, antwortet Karlson stolz. „Ich brauche keinen Zettel mehr!“

„Aha“, lacht Frau Krumnow.

„Vielleicht Zitroneneis... oder Salzstangen...“, überlegt Karlson laut und glaubt selbst nicht so recht daran.

Kein Wunder, dass Frau Krumnow wieder den Kopf schüttelt. „Vielleicht hast du ja doch einen Zettel!“, meint sie dann.

Da Karlson keine Anstalten macht nachzusehen, kommt sie um die Theke herum und nimmt ihm die Tasche aus der Hand.

„Hier ist er ja“, sagt sie und hält einen verknickten kleinen Zettel hoch. „Einen Becher Quark und einen Liter Milch“, liest sie laut. „Und außerdem noch ein Päckchen Vollkornbrot.“
Sie packt ihm alles in die Tasche. „Du hattest Recht“, sagt sie dann. „Hier steht noch etwas: Drei Päckchen Salzstangen.“
Karlson zieht seinen kleinen roten Geldbeutel aus der Hosentasche und reicht ihn Frau Krumnow.
Sie nimmt die zwanzig Mark heraus, die die Mutter ihm mitgegeben hat, steckt das Wechselgeld hinein und gibt ihm den Geldbeutel wieder zurück.
Als Karlson nach Hause kommt, ist Papa schon da. Er sitzt am Tisch und schneidet Schnittlauch auf einem Holzbrettchen. Papa isst Quark ganz besonders gern. Deshalb gibt es jede Woche einmal abends Quark mit Schnittlauch und Vollkornbrot.
Doch heute hatte Mama den Quark im Supermarkt vergessen. „Aber Karlson ist noch schnell für mich zu Frau Krumnow gelaufen und hat alles besorgt“, sagt sie und holt die Flasche Milch aus der Tasche. „Ich brauchte es ihm noch nicht einmal aufzuschreiben!“
Karlson sagt nichts dazu.
Als Mama das Vollkornbrot auf den Tisch gelegt hat und nun die Salzstangen aus der Tasche holt, da stutzt sie. „Was soll denn das?“, fragt sie und sieht Karlson vorwurfsvoll an. „Das habe ich dir aber nicht aufgetragen. Nein, du solltest mir bestimmt keine Salzstangen mitbringen!“
Mama hat eine tiefe Falte auf der Stirn und Karlson ahnt, dass sie sehr ärgerlich ist.
„Wirklich, Karlson“, sagt sie. „Wenn du nicht richtig einkaufen kannst, dann wird Antonia wieder gehen. Sie hat sich noch niemals Eis oder Süßigkeiten vom Einkaufsgeld mitgebracht.“
Karlson schaut Antonia gar nicht an. „Ich auch nicht!“, sagt er.
„Und was, bitte, ist das?“, fragt Mama und hält ihm die Salzstangen unter die Nase.

„Jedenfalls keine Süßigkeiten", antwortet Karlson. „Und außerdem hast du das selbst aufgeschrieben."
Da bleibt Mama fast die Luft weg. Karlson aber greift schnell in die Hosentasche und holt den Geldbeutel heraus. Darin ist auch der Zettel. Frau Krumnow hat ihn eingesteckt. Das hat Karlson ganz genau gesehen.
„Hier steht es", sagt er und legt den Zettel auf den Tisch.
Papa nimmt ihn und liest vor: „Einen Becher Quark, einen Liter Milch, ein Päckchen Vollkornbrot. Und hier ..." Er nickt Karlson freundlich zu und sagt dann dasselbe, was auch Frau Krumnow gesagt hat: „Du hattest Recht. Hier steht noch etwas: drei Päckchen Salzstangen."
„Unmöglich!", ruft Mutter und nimmt ihm den Zettel aus der Hand. Sie schüttelt den Kopf und liest ihn immer wieder.
„Den Zettel hast du mir letzte Woche mitgegeben", sagt jetzt Antonia.
„Natürlich!", erinnert sich auch die Mutter. „Ich brauchte die Salzstangen, weil Onkel Bernhard und Tante Lucy abends kommen wollten."
Sie muss lachen und legt den Arm um Karlson. „Du hast dir aber doch alles gemerkt, was ich brauchte", sagt sie immer noch lachend.
„Nein! Ich hatte alles vergessen", gibt Karlson zu und schämt sich.
„Es gibt doch wirklich nichts Besseres als vergessliche Leute", mischt sich jetzt der Vater ein und reißt sofort ein Päckchen Salzstangen auf. „So kommen wir heute Abend noch zu Salzstangen."
„Aber erst nach dem Abendbrot", sagt die Mutter entschieden und nimmt ihm das Päckchen aus der Hand.

Das große Zimmer-Spielzeug-Puzzle

Um drei Uhr war Frederik zum Spielen gekommen. Als um fünf Uhr alles Spielzeug aus den Regalen und Schränken, aus den Schubladen und Kisten in Fabians Zimmer ausgeräumt und im Zimmer verstreut war, da sagte Frederik: „Ich muss jetzt nach Hause!“

Er ging in den Flur, zog seine Jacke an und setzte sich seine Mütze auf den Kopf. Dann sagte er „Tschüss!“ und ging.

Und Fabian stand mitten im Zimmer, zwischen all den vielen Sachen, und wusste nur zu gut, dass er alles wieder aufräumen musste.

„O weh!“, sagte Mutti, als sie die Bescherung sah, und schlug die Hände über dem Kopf zusammen. Es war das erste Mal, dass Frederik zum Spielen gekommen war.

„Es war auch das letzte Mal!“, sagte Mutti nur. Sie nickte Fabian zu: „Jetzt solltest du mit dem Aufräumen anfangen, sonst bist du zum Abendbrot nicht fertig!“

Da klingelte es an der Wohnungstür und Mutti ging um zu öffnen. Sie kam mit Evchen an der Hand zurück. Evchen wohnte in der Wohnung über Fabian. Weil Evchens Mutter noch schnell etwas besorgen musste, hatte sie Evchen bei Fabians Mutter abgegeben.

„Was machst du denn?“, fragte Evchen und sah sich mit großen Augen in Fabians Zimmer um. „So viel Durcheinander!“, stellte sie fest und seufzte.

„Das ist nur ein bisschen Durcheinander!“, meinte Fabian tapfer.

„Das ist überhaupt kein Durcheinander!“, half Mutti ihm. „Das ist ein neues Spiel!“

Evchen blickte Mutti ganz verwundert an. „Was für ein Spiel?“, fragte sie.

„Das ist das große Zimmer-Spielzeug-Puzzle!“, erklärte Mutti.

Und als Evchen sie nur weiter sprachlos ansah, fügte sie hinzu: „Es ist ganz einfach und sehr spannend. Zuerst wird alles Spielzeug im

Zimmer verteilt. Dann geht es darum, alle Sachen wieder dahin zu räumen, wohin sie gehören."
„Und wer gewinnt?", fragte Evchen nach einer Weile.
„Alle!", antwortete Mutti fröhlich. „Wenn das Puzzle fertig ist, kriegt jeder ein Eis!" Sie lächelte den Kindern zu. „Ich will mir jedenfalls schnell mein Eis verdienen!" Und schon begann sie, die Schienen und die Eisenbahn in ihren Karton zu räumen.
Da waren auch bald Evchen und Fabian mit Eifer bei der Sache. Sie merkten gar nicht, wie schnell dabei die Zeit verging.
Als sie fertig waren, schwitzten sie alle drei. Evchen, Fabian und Mutti.
Und dann gab es für alle ein Riesen-Zitroneneis.
„Toll war das!", sagte Evchen später zu ihrer Mutti. „Wir haben das große Zimmer-Spielzeug-Puzzle gespielt."
„Was ist das?", fragte ihre Mutti. Von diesem Spiel hatte sie noch nie gehört.
„Eigentlich ist es nichts anderes als Zimmeraufräumen!", sagte Evchen nachdenklich. „Aber viel spannender und lustiger!"
„Das ist gut!", lachte ihre Mutti. „Dann kannst du in deinem Zimmer gleich weiterspielen! Du weißt ja, wie es dort aussieht!"
„Fabians Mutti hat aber auch mitgespielt!", meinte Evchen tapfer.
„Was Fabians Mutti kann, kann ich schon lange!", sagte ihre Mutti und legte den Arm um Evchen.
Da freute sich Evchen, fragte aber doch: „Gibt es danach auch Eis?"
Ihre Mutti schüttelte den Kopf. „Zu viel Eis ist nicht gut!", sagte sie. „Ich habe frische Erdbeeren mitgebracht. Was hältst du von Erdbeeren mit Milch und Zucker?"
„Sehr viel!", lachte Evchen.
Und dann machten sie sich beide an die Arbeit.

Besuch uns mal zu Hause

Text: Rolf Krenzer, Melodie: Martin Göth

2. Die Mama steht am Bügelbrett.
Sie stellt das Fernsehn an.
Weil sie beim Bügeln Frühgymnastik
prima treiben kann.

Refrain:
Die Mama macht Gymnastik,
der Papa mäht den Rasen.
Oho! Oho! ...

3. Der Opa fliegt und flattert
vorm Vogelhaus herum.
Er zeigt es seinem Kakadu,
der ist dafür zu dumm.

Refrain:
Der Opa fliegt und flattert,
die Mama macht Gymnastik,
der Papa mäht den Rasen.
Oho! Oho! ...

4. Die Oma tanzt von früh bis spät
Ballett und Rock'n Roll.
Sie geht nach Mitternacht zu Bett
und findet's wundervoll.

Refrain:
Die Oma tanzt von früh bis spät,
der Opa fliegt und flattert,
die Mama macht Gymnastik,
der Papa mäht den Rasen.
Oho! Oho! ...

5. Mein Bruder fährt im Autoscooter,
ist das nicht famos?
Er klemmt sich auf den Kindersitz,
dabei ist er schon groß.

Refrain:
Mein Bruder fährt im Scooter,
die Oma tanzt Ballett gern,
der Opa fliegt und flattert,
die Mama macht Gymnastik,
der Papa mäht den Rasen.
Oho! Oho! ...

6. Am Fernsehn, am Familienspiel
nimmt Schwesterchen nicht teil.
Sie übt, wenn keiner es bemerkt,
das Tanzen auf dem Seil.

Refrain:
Das Schwesterchen übt Seiltanz,
mein Bruder fährt im Scooter,
die Oma tanzt Ballett gern,
der Opa fliegt wie'n Vogel,
die Mama macht Gymnastik,
der Papa mäht den Rasen.
Oho! Oho! ...

7. Das Baby krabbelt immerzu.
Da steht es wirklich drauf!
Und jeden Krümel, den es sieht,
isst es voll Wonne auf.

Refrain:
So krabbelt unser Baby,
die Schwester übt den Seiltanz,
mein Bruder fährt im Scooter,
die Oma tanzt Ballett gern,
der Opa fliegt wie'n Vogel,
die Mama macht Gymnastik,
der Papa mäht den Rasen.
Oho! Oho! ...

8. Wenn du uns mal besuchen kommst,
dann tu, was dir gefällt,
dass jeder dich auf einen Blick
für meinen Vetter hält.
(oder: für die Cousine, für meine Tante, für meinen Onkel)

Refrain:
Seht her, das ist der Vetter!
(Ja, das ist die Cousine!)
Die Schwester übt den Seiltanz,
mein Bruder fährt im Scooter,
die Oma tanzt Ballett gern,
der Opa fliegt wie'n Vogel,
die Mama macht Gymnastik,
der Papa mäht den Rasen.
Oho! Oho! ...

Damit der Christian endlich schlafen kann

Mitten im Sommer ist es plötzlich kühl geworden. Es hat zwei Tage hintereinander geregnet. Mama hat den dicken Pullover für Christian wieder herausgeholt. Papa niest sogar ein bisschen. Und weil Christian nicht draußen herumtoben kann, schläft er am Abend nicht wie sonst gleich ein.

„Ich bin immer noch nicht müde!“, sagt er, als er bereits zum dritten Mal im Schlafanzug in die Küche kommt. Mama und Papa sitzen am Tisch.

„Hm!“, sagt Papa und guckt Mama an.

Christian klettert auf den Stuhl zwischen Mama und Papa. „Darf ich noch ein bisschen bei euch bleiben? Vielleicht werde ich dann müde!“, fügt er schnell hinzu, als er sieht, dass Mama den Kopf schüttelt.

„Wir können ja für uns alle zusammen einen Schlaftrunk machen!“, schlägt Papa vor.

„Au ja!“, strahlt Christian. „Was ist das, ein Schlaftrunk?“

„Wenn man ihn trinkt, wird man müde!“, erklärt Papa. „Und außerdem schmeckt er gut!“

„Ich mag Schlaftrünker!“, jubelt Christian.

„Schlaftrünke!“, verbessert Papa. „Aber es gibt sowieso nur einen! Zuerst brauche ich Traubensaft!“

„Ist im Keller!“, sagt Mama.

Papa und Christian gehen zusammen und holen eine Flasche. Papa öffnet sie. „Jetzt brauche ich noch einen Topf ...“, sagt er und schaut Mama an.

„Unten im Schrank!“, gibt Mama Auskunft.

Schon hat Christian den braunen Topf geholt.

„... und einen Messbecher“, fährt Papa fort.

„Oben im Schrank“, sagt Mama. Papa und Christian messen einen halben Liter Saft ab und gießen ihn in den Topf.

„Jetzt noch ein Viertelliter Wasser!“, sagt Papa und dreht den Wasserhahn auf. „Und Glühweingewürz!“
Mama blickt ihn fassungslos an. „Jetzt mitten im Sommer?“
Papa zuckt mit der Schulter. „Du siehst doch, dass ich bereits niese!“, sagt er und niest herzhaft. „Die Sommererkältung ist am allerschlimmsten!“
Da muss Mama lachen. „Das Glühweingewürz muss ich suchen!“, sagt sie und steht auf. „Das findet ihr nie!“
Sie kramt in der Gewürzkiste im Küchenschrank. „Hier ist es ja! Der Rest vom letzten Winter!“, ruft sie dann und reicht Christian ein kleines weißes Päckchen. „Wirf es in den Topf!“
„Es wird doch nass!“ Christian traut sich nicht.
„Es muss aber mitkochen!“, sagt Papa und stellt die Kochplatte an.
„Das Päckchen ist untergegangen“, stellt Christian fest.
„Ja, es muss jetzt alles gut würzen“, sagt Mama.
„Wir müssen abwarten, bis der Saft kocht!“, erklärt Papa.
Das dauert! Am liebsten würde Christian ständig in den Topf schauen.
„Es rauscht!“, ruft er plötzlich.
„Es kocht!“, sagt Mama und schaltet den Herd ab. „Jetzt muss der Schlaftrunk noch fünfzehn Minuten ziehen.“ Sie stellt die kleine rote Küchenuhr ein, die sie sonst zum Eierkochen braucht.
Christian lauscht dem leisen Ticken der Uhr und beobachtet, wie sich die kleine Scheibe langsam dreht. Seine Augen werden immer kleiner. „Pass auf, dass du nicht einschläfst, bevor der Schlaftrunk fertig ist!“, sagt Mama.
Da fährt Christian zusammen und setzt sich wieder kerzengerade hin. „Ich bin nicht müde!“, ruft er.
„Das sehen wir!“ Papa lacht. „Noch neun Minuten.“
Christian nickt und merkt nicht, dass Papa den Schlaftrunk probiert.
„Es fehlt Zucker“, sagt er.
„Nimm Honig!“, sagt Mama und reicht ihm das Glas.

Papa rührt etwas Honig in den Schlaftrunk, probiert noch einmal und nickt zufrieden. Mama stellt die Zeituhr ab, geht zum Herd und angelt den Gewürzbeutel aus dem Topf.
„Fertig!", sagt Papa. „Christian, du kannst jetzt drei Becher aus dem Schrank holen!"
„Wir brauchen nur zwei Becher", flüstert Mama und zeigt auf Christian, der mit dem Kopf auf dem Tisch fest eingeschlafen ist. Papa schmunzelt. „Ganz ohne Schlaftrunk!"
Dann nimmt er Christian auf den Arm und trägt ihn vorsichtig in sein Bett.

Philipp will viele Leben retten

Oma und Opa hatten ihre Mühe mit den vielen Kübeln und Boxen, die sie nun benutzen sollten statt des einen Mülleimers, den sie seit vielen Jahren am Gartentor stehen hatten.
„Nein, Opa!", sagte Oma heute wieder. „Die Jogurtbecher gehören dort drüben in den Kübel und deine Zeitung hier hinein!"
„Früher habe ich die Zeitungen einfach im Ofen verbrannt!", brummte Opa vor sich hin. „Das war alles viel bequemer!"
Oma blickte ihn vorwurfsvoll an. „Seitdem wir die Gasheizung haben, können wir halt nichts mehr im Ofen verbrennen!", sagte sie nur. „Und wer wollte denn unbedingt die moderne Gasheizung haben, du oder ich?"
Opa winkte mit der Hand ab. „Es ging ja darum, dass wir nicht mehr die schweren Kohleeimer in die Wohnung schleppen mussten."
„Jetzt ist es auf eine andere Art bequemer!" Oma nickte. „Nur im Gasofen brennt nichts mehr außer Gas!"
„Aber im Herbst haben wir immer ein Feuerchen im Garten gemacht!" Opa gab nicht so schnell auf. „Da konnte man dann alles mit verbrennen, was sich im Jahr so angesammelt hatte." Er ließ traurig die Schulter sinken. „Aber das ist ja jetzt auch alles verboten!"
„He!", rief er dann dem kleinen Philipp zu, der dieses Wochenende bei seinen Großeltern verbringen durfte und seit gestern bei ihnen war. „Habt ihr in eurem Kindergarten denn auch so viele Abfalleimer und lernt ihr schon, wo aller Müll hinein gehört?"
Philipp nickte. „Sie stehen vorn an der Tür! Und bei uns zu Hause stehen sie auch. Nur die Flaschen müssen in den Flaschencontainer!"
„Was heute die Kleinen schon alles wissen!", sagte die Oma anerkennend. „Da wundert man sich nur!"

„Ich fahre doch immer mit Papa zum Flaschenwegbringen!“, lachte Philipp und fand gar nichts Besonderes dabei.
Später erzählte Philipp so ganz nebenbei von all den Tieren, die von den Menschen ausgerottet worden waren. Auch davon, wie schwer es viele Tiere heute bei uns haben.
„Und das lernt ihr alles im Kindergarten!“ Die Großeltern waren beeindruckt.
„Wenn ich groß bin, werde ich Lebensretter!“, sagte Philipp.
„Und wie geht das?“, fragte Opa.
„Alles Leben retten, damit nichts umkommt!“, antwortete Philipp und es klang ganz selbstverständlich. „Frösche und Fliegen, Blumen und Bäume, Elefanten und Pinguine, eben alles!“
„Aha!“, sagte Oma. „Dann kannst du ja gleich damit anfangen!“
Philipp nickte. „Das hat die Frau Wisor im Kindergarten auch gesagt! Und die Mutti sagt das auch immer!“
„Was hast du denn schon alles gerettet?“, fragte Opa nach. „Das ist doch schwierig. Ich weiß gar nicht, ob ich das könnte.“
„Klar!“, lachte Philipp. „Du hast doch vorhin auch die Wespe gerettet!“
„Ich habe sie aus dem Fenster gejagt, damit sie uns nicht sticht!“
„Aber du hast sie nicht getötet!“
Ja, das stimmte, obwohl Opa eigentlich gar nicht weiter darüber nachgedacht hatte.
„Und du hast die Blumen und das Gemüse gegossen!“ Philipp zeigte mit der Hand auf seine Oma.
„Weil es so trocken war!“, lachte sie. „Sonst geht ja alles kaputt!“
Philipp nickte ernst. „Das ist Leben retten!“, sagte er.
„Hast du auch heute schon Leben gerettet?“, fragte Opa da.
„Vorhin die Schnecke auf der Straße! Die habe ich wieder in den Garten gebracht, damit ihr nichts passiert!“
Bevor Philipp weiter erzählen konnte, unterbrach Opa ihn. „In welchen Garten?“, fragte er.

„In deinen!“, antwortete Philipp und lächelte zufrieden. „Da kann ihr nichts passieren!“
„Wunderbar!“, sagte Opa nur und nickte Oma vielsagend zu. „Hast du noch mehr in unseren Garten gebracht?“
„Soll ich?“, fragte Philipp und blickte Opa mit großen Augen an.
„Was waren das für Gänseblümchen, die du mir gebracht hast?“, fragte Oma Philipp. „Die hast du doch auch abgerissen. Sie hätten es bestimmt besser auf der Wiese gehabt!“
Da stiegen Philipp vor Wut die Tränen in die Augen.
„Gar nicht abgerissen hab ich sie!“, schrie er. „Sie haben auf der Straße gelegen. Jemand hat sie einfach fortgeworfen. Da solltest du sie wenigstens ins Wasser stellen, damit sie noch ein bisschen leben können!“
„Entschuldige, Philipp!“, sagte Oma und nahm ihren Enkelsohn in den Arm. „Ich hätte mir doch denken können, dass es so und nicht anders war!“
„Aber du kannst doch nicht alles retten!“, sagte Opa schließlich und seufzte.
„Frau Wisor hat gesagt: Man muss einfach anfangen!“, antwortete Philipp sehr ernst. „Wenn jeder damit anfängt und immer und immer weitermacht, dann werden es immer mehr.“
„Du hast Recht, Philipp!“, sagte Opa darauf und nahm ihn an der Hand. „Komm mit, ich will dir etwas zeigen!“
Und so führte der Opa seinen Enkel ganz hinten in den Garten, wo er letzte Woche ein Nest mit jungen Mäusen entdeckt hatte. Eigentlich hatte er sie längst vernichten wollen. Was suchten Mäuse in seinem Garten!
Aber jetzt war er froh, dass sie noch da waren, weil Philipp sich nicht satt sehen konnte, als die kleinen Mäuse sich zeigten.
„Du hast ihnen das Leben gerettet!“, flüsterte Opa, als beide unbeweglich nebeneinander standen und einfach nur zuguckten.
„Warum?“, fragte Philipp leise.

„Nur so!", antwortete Opa und wusste, dass er diese Mäuse bestimmt nicht vernichten würde. Schon um den kleinen Philipp nicht zu enttäuschen.
Später, als Philipp längst im Bett war und seine Großeltern noch zusammensaßen, sagte der Opa nachdenklich: „Kinder sind wie Engel ohne Flügel! Heute kam es mir so vor, als hätte ich etwas von der besonderen Kraft und Liebe erfahren, die in kleinen Kindern stecken kann. Schade, dass sie älter werden. Wenn man älter wird, vergisst man so viel von dem, was eigentlich am allerwichtigsten ist!"
In diesem Augenblick drang aus Philipps Schlafzimmer ein lautes Klirren und ein markerschütternder Schrei. Erschrocken sprang Oma auf. Als sie zurückkam, lächelte sie. „Dein kleiner Engel hat die Wasserflasche auf dem Nachttisch umgeworfen. Ich musste ihm ein Pflaster auf den Fuß kleben, weil er in eine Scherbe getreten ist. Eine andere Bettdecke habe ich auch geholt und ihn auf die Couch gelegt. Er kann ja nicht in einem nassen Bett schlafen!"
„Das eine hat nichts mit dem anderen zu tun!", sagte Opa weise.
Oma schmunzelte.
Beide freuten sich schon auf den nächsten Tag mit Philipp.

Alter Baum, lieber Baum

Text: Rolf Krenzer, Melodie: Martin Göth

Refrain:
Alter Baum, lieber Baum,
du, ich mag dich so!
Immer wenn ich bei dir bin,
bin ich richtig froh.

2. Ich sitz in deinem Schatten,
wenn heiß die Sonne scheint.
Dein grünes Dach ist über mir,
wenn mal der Himmel weint.
Ich rücke immer näher
und lehne mich gern an
und bin geborgen und so froh,
wie man nur froh sein kann.

Refrain:
Alter Baum, lieber Baum ...

3. Ich steige auf die Äste
und hoch in dich hinein.
Dort oben werd ich nie entdeckt.
Wir zwei sind ganz allein.
Dann schaukelst du mich leise,
es kann ja keiner sehn.
Hier oben in dem Blätterdach,
da ist es wunderschön.

Refrain:
Alter Baum, lieber Baum ...

4. Ich habe junge Vögel
in einem Nest entdeckt.
Ich hab von weitem nur geschaut
und hab sie nicht erschreckt.
Ein Eichhörnchen kam neulich
ganz nah zu mir heran.
Da saß ich still auf deinem Ast
und hielt den Atem an.

Refrain:
Alter Baum, lieber Baum ...

5. Ich mach mir manchmal Sorgen
um dich, du alter Baum.
Man sagt, es geht den Bäumen schlecht
und Hilfe gibt es kaum.
Dann rauschen deine Blätter,
da hab ich wieder Mut.
Ich steige hoch in dich hinein
und mir geht's wieder gut.

Geschwister

Wenn die anderen Kinder davon erzählen, was sie alles mit ihren Eltern in den Sommerferien vorhaben, dann schüttelt Max leicht den Kopf und lächelt still vor sich hin.
Tatjana wird mit dem Campingwagen nach Sylt fahren und Dustin in ein ganz neues Hotel auf der Insel Rügen. Thilo und Sophie wollen mit ihren Eltern in die Berge und Benedikt, sein bester Freund, fährt sogar nach Spanien ans Meer. Silke gibt am allermeisten an: Sie wird mit dem Flugzeug fliegen. Ja, nach Amerika! Richtig nach Amerika.
„Und der Max?“, fragt Lisa, die Erzieherin. Lisa selber verreist mit ihrem Mann und ihren beiden Kindern und dem Hund nach Franken. Sie wollen bei Oma und Opa ihre Ferien verbringen. Die Großeltern wohnen in einem kleinen Haus mit einem großen Garten ganz nah am Wald.
„Und der Max?“, fragt sie noch einmal.
Weiß Lisa wirklich nicht, warum der Max diesen Sommer zu Hause bleibt und nicht in die Ferien fährt? Oder tut sie nur so?

Die anderen Kinder lachen laut, denn sie wissen alle Bescheid. Max spricht ja die ganze Zeit nur davon.
Da streicht ihm Lisa über den Kopf und grinst. „Wird es denn ein Brüderchen oder ein Schwesterchen?“, fragt sie.
„Weiß ich nicht!“ Max zuckt mit der Schulter. „Ist auch egal! Wir wollen es auch gar nicht wissen!“
„Und wann ist es so weit?“
„Nächste Woche oder etwas früher oder später. Dann, wenn wir Ferien haben!“
„Dann wird uns der Max nach den Ferien viel zu erzählen haben!“, sagt Lisa und die anderen stimmen ihr zu.
Als Max dann am letzten Kindergartentag nach Hause kommt, ist Nick, sein großer Bruder, bereits aus der Schule gekommen. Am letzten Tag vor den Ferien haben sie bereits nach der dritten Stunde frei. Nick erzählt, wohin seine Klassenkameraden in den Ferien fahren, und Max berichtet davon, was sie heute im Kindergarten erzählt haben. Mutti hört ihren beiden Jungen zu.
„Und ihr seid kein bisschen traurig, dass wir dieses Jahr zu Hause bleiben?“, fragt sie dann. „Kein bisschen?“
Max und Nick schütteln ganz energisch den Kopf. Na ja, vielleicht sind sie ein kleines bisschen neidisch auf die anderen und auf das, was sie alles erleben werden. Aber trotzdem würden sie niemals mit ihnen tauschen, wenn sie jetzt hier zu Hause auf die kleine Schwester oder den kleinen Bruder warten. Sie freuen sich schon darauf, seit Mutti und Vati ihnen verraten haben, warum Mutti in letzter Zeit immer dicker geworden ist. Ja, sie haben sogar das Baby bereits in Muttis Bauch gefühlt, als es da so richtig herumstrampelte.
Sie alle haben sich noch ein Baby gewünscht: Vati, Mutti, Nick und Max. Jetzt ist es bald so weit, dass es geboren werden soll. Sie können es alle kaum noch abwarten.
„Nicole fährt mit ihrer Mutter ganz allein!“, sagt Nick. „Sie hat gar keine Lust. Seit ihre Eltern geschieden sind, muss sie sich entschei-

den, mit wem sie in die Ferien fahren will. Mit beiden zusammen, da würde sie gern losfahren. Aber nur mit ihrer Mutter? Da kann es noch so schön in Holland sein. Nicole sagt, sie hat einfach keine Lust!“

Mutti antwortet nicht. Sie stellt einen kleinen Korb mit allen möglichen Babysachen auf den Tisch. „Seht nur“, sagt sie dann, „das habt ihr beide alles auch schon einmal getragen, als ihr so klein wart!“

Die Jungen holen behutsam ein Jäckchen nach dem anderen aus dem Korb und betrachten die winzigen Kleider andächtig.

„So klein war ich einmal!“, meint Max schließlich.

„Du bist immer noch nicht viel größer!“, lacht Nick und knufft ihn in die Seite.

„Ruhe!“, ruft Mutti, bevor die Frotzelei in einen Streit ausarten kann.

Nach dem Mittagessen legt sich Mutti ein bisschen auf die Couch. Max und Nick verdrücken sich heimlich.

Wenn ein Kind geboren ist

Text: Rolf Krenzer, Melodie: Martin Göth

2. Wenn ein Kind geboren ist,
dann fragen alle Leute:
Ist es denn ein Schwesterchen?
Ein Brüderchen, ein Schwesterchen?
Hört her, es ist ein Schwesterchen (Brüderchen)!
Jetzt wisst ihr all' Bescheid!
Hört her, es ist ein Schwesterchen (Brüderchen)! Da freun sich …

3. Wenn ein Kind geboren ist,
dann fragen alle Leute:
Wie soll es denn heißen?
Sag, wie soll es denn heißen?
Hört her, es heißt Verena (Jan-Niklas)!
Jetzt wisst ihr all' Bescheid!
Hört her, es heißt Verena (Jan Niklas)! Da freun sich …

4. Fahren wir das Kind spaziern,
dann kommen alle Leute,
bleiben bei uns stehen
und wollen alles sehen.
Seht her, das ist Verena (Jan-Niklas)!
Jetzt wisst ihr all' Bescheid!
Seht her, das ist Verena (Jan-Niklas)! Da freun sich …

5. Wenn ein Kind geboren ist,
tauft man es in der Kirche.
Gott liebt alle Kinder,
die Jungen und die Mädchen.
Drum gehen wir heut.
Jetzt wisst ihr all' Bescheid!
Drum taufen wir Verena (Jan-Niklas).
Kommt, feiert mit ihr Leut!

Wir gehn spaziern im Sonnenschein

Ein Spiel zum Sommerfest in sechs Bildern

Es spielen mit (in der Reihenfolge ihres Auftretens):

Erzählerin und Erzähler,

Sonne	Sie ist ganz gelb gekleidet mit einem Strahlenkranz um den Kopf. Es kann auch eine riesige Sonne aus gelbem Plakatkarton ausgeschnitten werden, sodass der ganze Körper dahinter versteckt ist,

Alina und Nico (Schwester und Bruder),

Eltern,

Schmetterlinge	Sie können in leichten bunten Sommerkleidern mit bunten Pappflügeln auf dem Rücken tanzen. Sie tragen leichte Turnschuhe oder tanzen barfuß,
Frösche	Grüne Strumpfhosen und grüne Pullis reichen bereits aus. Man kann auch grüne Schleifen ins Haar stecken, sich das Gesicht grün anmalen oder eine Maske aus Karton schneiden oder aus Pappmaschee basteln und vor dem Gesicht tragen,

Bauer Hansen,

Doro, Angela, Kevin (seine Kinder),

Mond	Er ist gelb gekleidet oder wie die Sonne mit einem runden großen Pappbauch vor dem Körper,
Sterne	Sie sind gelb gekleidet mit Sternenkrone aus Pappe.

Was man noch beachten muss:

Uhr	Eine Uhr schlägt sieben Mal (Triangel).
Wecker	Der Wecker rappelt. Ein richtiger Wecker oder ein Wecker aus Pappe, der ausgeschnitten und angemalt ist.
	Weckerrappeln: Xylophon, Klappern, Rasseln
Hahn	Der Hahn kräht. Wer besondes gut krähen kann, darf die Rolle des Hahns übernehmen.
Ufer	Eine Bank ohne Lehne, auf der vier Kinder nebeneinander sitzen können. Wir können uns auch vorn an den Bühnenrand setzen und die Beine hinunterbaumeln lassen.
Kirschen	Die Kirschen im Korb sollten echt sein.

1. Szene

Erzähler:	Ist das ein schöner Morgen! Die Sonne scheint bereits hell vom Himmel herunter, obwohl es noch früh am Tag ist.
Erzählerin:	Ein Sonntag, wie man ihn sich wünscht.
Erzähler:	Ein rechter Sonnentag.
	Die Sonne kommt langsam auf die Bühne. Hält die Arme weit auseinander und die Hände gespreizt. Sie nimmt einen erhöhten Platz hinten auf der Mitte der Bühne ein, von dem aus sie später dem gesamten Spiel zuschaut.

Sonne: Die Sommersonne tritt herein
und schenkt euch Sommersonnenschein.
Heut wird es warm und windstill sein.
Da freut sich jeder, Groß und Klein.
Lauft fröhlich in den Tag hinein
im hellen Sommersonnenschein.

Die Sonne setzt sich auf ihren erhöhten Platz und schaut dem Spiel weiterhin zu.

Erzählerin: Da gibt es wirklich Leute, die zu Hause bleiben und den schönen Sonnentag verschlafen. Alina und Nico gehören nicht dazu. Sie haben sich vorgenommen, heute mit ihren Eltern einen richtigen großen Sommerspaziergang zu machen.

Erzähler: Dafür muss man halt früh aufstehen.

Wir singen zusammen mit allen, die beim Spiel zuschauen:

Der Tag hat angefangen (Kanon)

Text: Rolf Krenzer, Melodie: Martin Göth

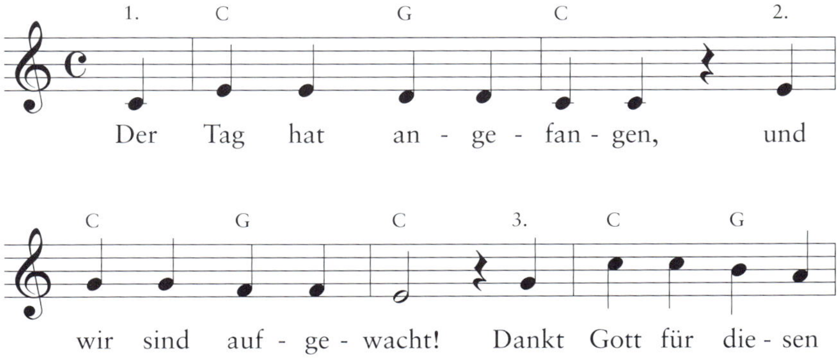

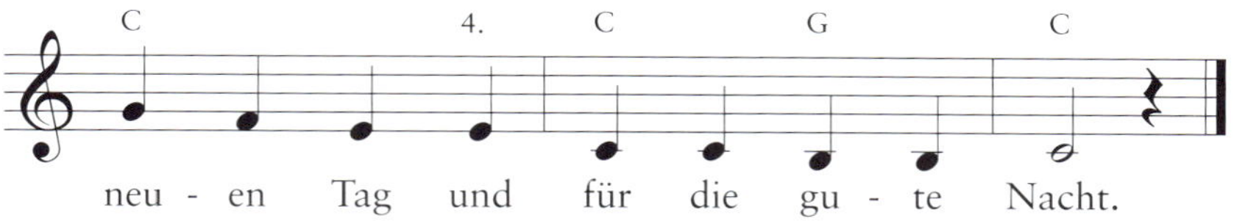

Der Tag hat angefangen,
Wir öffnen mit beiden Händen beide Fensterflügel weit.

und wir sind aufgewacht!
Wir schauen unsere Nachbarn links und rechts an und reichen ihnen die Hände.

Dankt Gott für diesen neuen Tag
Wir stehen auf und halten uns an den Händen.

und für die gute Nacht.
Wir halten angefasst die Hände hoch.

Alina und Nico liegen in ihren Betten und schlafen. Eine Uhr schlägt sieben Mal. Der Wecker läutet. Alina wird wach, richtet sich auf, stellt den Wecker ab, lässt sich zurückfallen und schläft weiter. Nico dreht sich zur anderen Seite und schläft ebenfalls weiter. Ein Hahn kräht mehrmals. Die Kinder lassen sich nicht stören.

Erzähler: Versuchen wir es noch einmal mit unserem Lied. Vielleicht werden sie ja davon wach.

Wir singen noch einmal „Der Tag hat angefangen“.

Die Eltern treten ein.

Mutter: Sie schlafen wirklich noch, diese Langschläfer!

Vater: Dabei wollten wir heute früh aufstehen und zusammen einen großen Spaziergang machen.

Mutter: Einen Spaziergang in den Sommer hinein.

Vater: Hallo, ihr Langschläfer! Die Sonne ist längst wach.

Mutter: Sie strahlt hell vom Himmel herunter.

Vater: *geht zu Alina, schüttelt sie.* Aufstehn! Aufstehn!

Alina: *setzt sich mit einem Ruck hoch.* Du brauchst nicht zu schreien! Ich bin doch längst wach.

Mutter: Und Nico?

Alina: Sieh doch selbst, der schläft fest wie ein Murmeltier. Wartet, ich hole einen nassen Schwamm! Dann ist er gleich wach!

Sie steht auf, rennt aus dem Zimmer und kommt gleich darauf mit dem Schwamm zurück.

Nico springt auf.

Nico: Hör ja auf! Ich bin schon wach.

Sie ringen miteinander und Alina will ihn unbedingt noch nass machen. Vater packt ganz schnell den Schwamm und hält ihn so, dass keiner von beiden ihn mehr erreichen kann.

Mutter: Das Frühstück steht schon auf dem Tisch. Nun beeilt euch.

Nico: Eigentlich bin ich noch müde!

Alina: Du kannst dich im Auto ausschlafen!

Mutter: Wo soll er sich ausschlafen?

Alina: Im Auto!

Vater: Wir fahren nicht mit dem Auto. Wir laufen!

Alina: Im Kinderprogramm gibt es heute so schöne Sachen.

Nico: Ja, sonntags gibt es immer die besten Sendungen!

Vater: Das beste Programm ist heute draußen, wenn wir unterwegs sind.

Mutter: Nun beeilt euch. Morgens ist es am allerschönsten!

Nico: Im Fernsehen?

Mutter: Nein, draußen!

Nico: *schnüffelt* Es riecht nach frischen Brötchen!

Vater: Ich war schon beim Bäcker!

Nico: Oh! Ich bin gleich fertig!

Alina: Ich auch!

Die Kinder treten ab, die Eltern folgen ihnen.

2. Szene

Erzähler: Was doch der Geruch von frischen Brötchen alles bewirken kann! Schon haben alle gute Laune!

Erzählerin: Natürlich haben die Eltern für unterwegs Brötchen geschmiert und mit Wurst und Käse belegt. Ein Spaziergang macht Hunger.
Alina und Nico kommen mit ihren Eltern. Der Vater trägt einen kleinen Rucksack auf dem Rücken.

Erzähler: Seht nur, der Vater trägt einen kleinen Rucksack auf dem Rücken.

Vater: Wir wechseln uns ab. Nico trägt ihn als Nächster!

Nico: Und dann ist Alina dran.

Mutter: Jeder ein Stückchen weit, dann wird es keinem zu schwer.

Alina: Je öfter wir frühstücken, umso leichter wird der Rucksack.

Vater: Aber jetzt geht es zuerst einmal los!

Sie gehen im Kreis, kreuz und quer, mal hintereinander, mal nebeneinander zu folgendem Lied herum:

Wer sich nur immer fahren lässt

Text: Rolf Krenzer, Melodie: Martin Göth

2. Wer immer nur vorm Fernsehn hockt
und keinen Schritt will gehn,
kann das, was rundherum passiert,
noch nicht mal selber sehn.

Refrain: Komm doch mit …

3. Wer oft und gern spazieren geht,
der hält sich immer fit.
Drum mach dich mit uns auf den Weg
und komm ganz einfach mit!

Refrain: Komm doch mit …

4. Wir halten an, wo's uns gefällt,
um einmal zu verschnaufen.
Es ist so schön, zur Sommerszeit
durch Wald und Feld zu laufen.

Refrain: Komm doch mit …

5. Drum gehen wir zusammen los.
Verzeiht, wir sind in Eile!
Wer heut mit uns spazieren geht,
hat keine Langeweile.

Refrain:
Komm doch mit…

3. Szene

Erzählerin: Da gehen sie und merken gar nicht, dass sie bereits ein großes Stück Weg hinter sich gebracht haben.

Erzähler: Sie sind an den Feldern entlanggegangen, über eine Wiese. Und dann sind sie einen Abhang hoch geklettert und durch einen Wald gelaufen.

Erzählerin: Jetzt geht es wieder den Berg hinunter. Und da ist auch ein kleiner Bach!

Alina: Ein Bach! Ist das schön!

Mutter: *setzt sich* Hier am Ufer kann man gut sitzen. Da strecke ich doch gleich meine Füße hinein.

Sie zieht schnell ihre Sandalen (und die Strümpfe) aus und streckt die Beine in das Wasser.

Nico: Ist das nicht zu kalt?

Mutter: Keine Spur! Schau, ich habe meine Füße schon drin!

Vater: Ich muss zuerst den Rucksack ablegen. Hat denn jemand Hunger?

Nico, Alina: Ich! Ich! Ich!

Der Vater packt aus und reicht die Brötchen weiter. Dann bleibt er plötzlich stehen und sieht sich erstaunt um.

Vater: Habt ihr das gesehen?

Er geht ein paar Schritte und bleibt wieder stehen. Nico, Alina und Mutter stehen auf und laufen zu ihm.

Alina: Was denn, Vati?

Vater: Seht doch nur!

Zuerst schwebt ein Schmetterling zu dem Lied herbei, dann werden es von Strophe zu Strophe mehr. Die Kinder und ihre Eltern ziehen sich immer weiter zurück, sodass sie alles gut sehen können, ohne die Schmetterlinge bei ihrem Tanz zu stören. Die Schmetterlinge schweben zunächst allein, später als Paare zu dem folgenden Schmetterlingslied im Tanz herum. Sie wiegen sich im Wind, ruhen sich aus und fliegen wieder weiter. Dann können sie sich andere Partner suchen und erneut losfliegen. Zwischen den einzelnen Flügen kann die Melodie wiederholt werden, damit den Schmetterlingen genügend Zeit zum behutsamen Fliegen bleibt. Auch die Sonne steht auf oder stellt sich auf ihren erhöhten Platz und dreht sich im Hintergrund mit ausgebreiteten Armen und Händen zu dem Schmetterlingstanz.

Kleiner bunter Schmetterling

2. Kleiner bunter Schmetterling,
   sag, was wird dann geschehn?
   Fliege zu den Blumen hin,
   denn die vielen Blumen
   duften gar so schön.

3. Kleiner bunter Schmetterling,
   sag, wohin fliegst du dann?
   Flieg zu deinem Garten hin,
   schau mir deinen Garten
   immer wieder an.

4. „Kleiner bunter Schmetterling“,
   so sagt darauf das Kind.

„Ich schau dir so gerne zu,
immer, immer wieder
schaukelst du im Wind.

5. Möchte wie ein Schmetterling
an deiner Seite sein.
Breite meine Arme aus,
fliegen wir zusammen
in die Welt hinein.“

6. Fliege, bunter Schmetterling,
im hellen Sonnenschein!
Breite deine Flügel aus,
fliege immer weiter!
Was kann schöner sein?

Nico: Schön war das!

Alina: Wunderschön!

Mutter: Wenn wir alle aufgegessen haben, können wir weitergehen!

Nico: Jetzt nehme ich den Rucksack auf den Rücken! Oh, er ist ja viel leichter geworden!

4. Szene

Erzähler: Da ziehen sie los. Ob die Kinder heute Morgen erwartet haben, dass sie so viel erleben?

Erzählerin: Wenn man zu Hause bleibt und nur vor dem Fernseher hockt, erlebt man eben wenig.

Erzähler: Seht nur, Alina hat schon wieder etwas entdeckt!

Alina: *bleibt stehen* Kommt mal her! Hier ist ein winzig kleiner Frosch! Ist der schön!

Ein Frosch kommt und springt über die Bühne. Kinder und Eltern verfolgen ihn mit großen Augen.

Vater: Passt auf, dass ihm nichts passiert.

Nico: Darf ich ihn in die Hand nehmen?

Mutter: Lass ihn lieber weiterspringen. Oder spring doch selbst einmal wie der kleine Frosch!

Alle singen zusammen. Die Kinder versuchen hinter dem Frosch her zu hüpfen.

Wie springen denn die Frösche?

Text: Rolf Krenzer, Melodie: Martin Göth

Nico: Seht doch nur! Da kommt ein Mäuschen.

Alina: Es flitzt zu seinem Mauseloch.

Nico: Ich kann genauso flitzen!

Alina: Ich auch.

Schon flitzen beide wie kleine Mäuse zu der folgenden Strophe:

2. Wie flitzen denn die Mäuse?
Erst hocken sie ganz still am Fleck
und eh du's merkst, sind sie schon weg!
So flitzen alle Mäuse, so flitzen sie im Nu!
Bleib stehn! Bleib ruhig stehn,
dann kannst du's selber sehn!

Vater: Jetzt ratet mal, wer ich bin! *Er krabbelt auf allen Vieren.*

Nico: Ein Käfer!

Alina: Lauf, du dicker Käfer! Wir krabbeln hinter dir her!

3. Wie krabbeln denn die Käfer?
Selbst mitten in der Wiese drin,
da wissen sie genau, wohin.
So krabbeln alle Käfer, so krabbeln sie im Nu.
Bleib stehn! Bleib ruhig stehn,
dann kannst du's selber sehn!

Mutter: Und wie laufen die Igel?

Nico: Kann man das auch nachmachen?

Alina: Ich weiß nicht! Vielleicht so? *Sie versucht es.*

Mutter: Ja, so ähnlich laufen die Igel!

4. Wie laufen denn die Igel?
Sie laufen bis zum Feld hinaus
und strecken ihre Stacheln raus.
So laufen alle Igel, so laufen sie im Nu.
Bleib stehn! Bleib ruhig stehn,
dann kannst du's selber sehn!

Vater: Jetzt kommt etwas Tolles! Was ist das? *Er streckt seine Arme weit aus und fliegt in einem großen Kreis um die Kinder und die Mutter herum.*

Mutter: Eine Schwalbe?

Nico: Ein Adler!

Vater: Du bist ganz nah dran! *Er fliegt noch eine Runde.*

Vater: Um alle Burgmauern fliegt er herum, um Türme ...

Alina: Ein Mauersegler!

Vater: Ja! Fliegt mit, ihr kleinen Mauersegler!

Alle breiten die Arme weit aus und fliegen hinter dem Vater her.

5. Wie schweben Mauersegler?
Die Flügel ganz weit ausgespannt,
so gleiten sie hoch übers Land.
So schweben Mauersegler, so schweben sie im Nu.
Bleib stehn! Bleib ruhig stehn,
dann kannst du's selber sehn!

Mutter: Jetzt will ich euch ein Tier zeigen. Das ratet ihr nie!

Sie stellt pantomimisch das Spinnen an einem Spinnrad dar.

Vater: Eure Mutter spinnt!

Alina: Eine Spinne, ja, eine Spinne! Wir spinnen alle zusammen das Netz!

Alle reichen sich die Hände, so entsteht langsam das Netz.

6. Wie spinnen denn die Spinnen?
Sie spinnen zart, sie spinnen fein.
So wird ihr Netz bald fertig sein.
So spinnen alle Spinnen, so spinnen sie im Nu.
Bleib stehn! Bleib ruhig stehn,
dann kannst du's selber sehn!

Alina: Schade, dass es hier keine Katze gibt. Ich kann nämlich wie eine Katze schleichen.

Nico: Und ich wie ein Kater!

Vater: Dann zeigt doch einfach, wie sie schleichen.

Die Kinder schleichen wie Katzen um die Eltern herum.

7. Wie schleichen denn die Katzen?
Sie ziehen ihre Krallen ein
und können ganz, ganz leise sein.
So schleichen alle Katzen, so schleichen sie im Nu.
Bleib stehn! Bleib ruhig stehn,
dann kannst du's selber sehn!

Mutter: Da sind auch wieder unsere Schmetterlinge!

Die Schmetterlinge schweben noch einmal herein.

Nico: Jetzt wollen wir aber auch mit ihnen fliegen!

Alina: Komm, das ist kinderleicht!

Die Kinder breiten beide Arme aus und fliegen mit den Schmetterlingen herum.

8. Wie fliegen Schmetterlinge?
Sie fliegen in die Welt hinaus
und ruhn sich auf den Blumen aus.
So fliegen Schmetterlinge, so fliegen sie im Nu.
Bleib stehn! Bleib ruhig stehn,
dann kannst du's selber sehn!

Alina: Schade, jetzt sind sie davongeflogen!

Nico: Es war ein schönes Spiel!

Mutter: Sonst spielt ihr nie so schöne Spiele.

Alina: Ihr seht sie nur nicht!

Nico: Sonst gehen wir auch nicht spazieren.

Vater: Wir sollten es wirklich öfter tun!

Alle: 9. Wie spielen denn die Kinder?
Sie brauchen Spaß und Sonnenschein,
schon fällt ihnen was Neues ein.
So spielen alle Kinder, so spielen sie im Nu.
Und hast du Lust, juchhei, juchhei,
dann bist du auch dabei!

5. Szene

Vater: Jetzt ist es aber spät geworden. Wir müssen sehen, dass wir nach Hause kommen.

Nico: Wer will noch ein Brötchen?

Er nimmt den Rucksack vom Rücken und bietet an, alle greifen zu.

Ich habe auch noch Wasser und Saft!

Alina: Ich glaube, es sind viel zu viele Brötchen. Die schaffen wir nie!

Vater: Wir haben es doch gut mit uns gemeint.

Erzählerin: Seht nur, da kommt der Bauer Hansen mit seinen drei Kindern. Sie haben köstliche Kirschen gepflückt. Der Korb mit den Kirschen steht auf dem Leiterwagen.

Der Bauer Hansen kommt mit seinem Leiterwagen und Angela, Doro und Kevin vorbei.

Bauer Hansen: Guten Appetit!

Vater: Danke! Danke!

Mutter: Wir haben einen tollen Spaziergang hinter uns. Da schmeckt es doppelt gut!

Nico: Wollt ihr Brötchen? Wir haben viel zu viele!

Alina: Greift nur zu!

Erzählerin: Das lassen sich die Kinder nicht zweimal sagen. Seht nur, wie gut es allen schmeckt.

Erzähler: Der Bauer Hansen greift auch zu.

Bauer Hansen: Und wir haben unseren Kirschbaum leer gepflückt. Habt ihr Appetit auf frische Kirschen?

Erzählerin: Schon bietet Bauer Hansen von seinen Kirschen an.

Bauer Hansen: Nehmen Sie nur! Wir haben wirklich genug!

Erzähler: Da greifen alle zu und lassen es sich so richtig gut schmecken.

Bauer Hansen: Es sind so viele! Sie reichen für alle! Kevin, Doro und Angela, holt die Körbe aus dem Wagen. Lasst jeden einmal hineingreifen. Aber Vorsicht! Spuckt die Kerne nicht überall hin.

Die Kinder verteilen die Kirschen, gehen auch mit den Körben in das Publikum hinein, sodass jeder zugreifen kann.
Dazu singen alle:

Rote Kirschen, schwarze Kirschen

Text: Rolf Krenzer, Melodie: Martin Göth

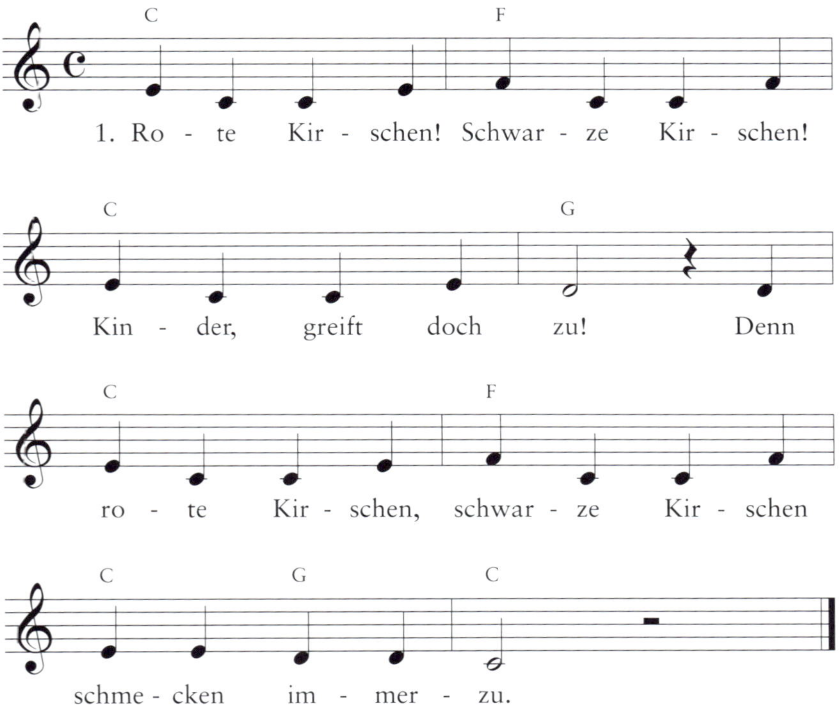

2. Rote Kirschen! Schwarze Kirschen!
Passt gut auf und spuckt,
dass keiner von den guten Kirschen
gar den Kern verschluckt.

3. Rote Kirschen! Schwarze Kirschen!
Schwarz' Gesicht und Mund.
Ja, rote Kirschen, schwarze Kirschen
sind doch so gesund!

4. Rote Kirschen! Schwarze Kirschen!
Weil ich lieb dich hab,
drum geb ich dir von meinen Kirschen
gerne etwas ab!

5. Rote Kirschen! Schwarze Kirschen!
Süß und saftig heut
sind rote Kirschen, schwarze Kirschen.
Kommt herbei, ihr Leut!

Erzählerin: Jetzt wird es Zeit zum Abschiednehmen.

Mutter: Schön, dass wir uns begegnet sind!

Die Kinder des Bauern: Danke für die Brötchen!

Alina und Nico: Danke für die Kirschen!

Bauer Hansen: Hier, nehmt euch den Korb noch mit für morgen!

Vater: Und für übermorgen! So viele Kirschen sind es noch!

Mutter: Ganz herzlichen Dank!

Alle geben sich die Hände, winken sich zu und gehen auseinander.

Erzähler: Ja, wenn sie rechtzeitig nach Hause kommen wollen, müssen sie sich jetzt beeilen.

Alina: Darf ich jetzt den Rucksack tragen?

Nico: Jetzt, wenn er leer ist!

Mutter: Aber einer muss ihn ja tragen.

Vater: Also: Machen wir uns auf den Heimweg.

Erzählerin: Da gehen sie! Sicher werden sie zu Hause sein, bevor es dunkel wird.

6. *Szene*

Erzähler: Die Tage im Sommer sind lang! So lang!

Erzählerin: Aber nun geht die Sonne doch unter!

Die Sonne gähnt und geht ganz langsam nach der anderen Seite ab. Der Mond, der bereits auf der gegenüberliegenden Seite zu sehen war, kommt heran und nimmt nun ihren Platz ein.

Mond:
Die Sommersonne ist gegangen.
Nun hat der Abend angefangen.
Nach einem Tag voll Sonnenschein
kann jeder froh und dankbar sein.
Der Tag hat uns so viel gebracht,
drum wünscht euch eine gute Nacht!

Da kommen auch die Sterne und stellen sich um ihn herum auf. Sie kommen immer näher und singen zusammen das Abendlied:

Will die Sonne schlafen gehn

Text: Rolf Krenzer, Melodie: Martin Göth

2. Falte, wenn es Abend wird,
   meine Hände still.
   Weiß, was ich, bevor ich einschlaf',
   Gott noch sagen will.

3. Danke für den guten Tag,
   der so viel gebracht.
   Und ich bitte: Schenk uns allen
   eine gute Nacht!

Das Lied endet mit dem zwei- und vierstimmigen Kanon und Rundgesang, in den alle einstimmen können: „Der Tag ist nun vergangen“ (Melodie wie Kanon: „Der Tag hat angefangen“, Seite 62).

Der Tag ist nun vergangen.
Wir sitzen im Kreis und geben uns die Hände.

Er hat uns froh gemacht!
Wir stehen auf und halten uns an den Händen.

Wir danken Gott für diesen Tag
Wir halten angefasst die Hände hoch.

und für die gute Nacht.
Wir lösen die Hände, lassen beide Arme vor uns sinken und setzen uns.

WIR MACHEN VIEL ZUSAMMEN

Ich weiß ein Kind

Ich weiß ein Kind, das gerne lacht,
weil ihm der Tag so viel Freude macht.
Es stimmt ein Lied nach dem andern an
und freut sich, weil es so viele kann.

So viele Freunde hat das Kind,
wie Kinder hier in der Gruppe sind.
„Wer ist dieses Kind?“, so fragt ihr mich.
Da lach ich und sage ganz einfach: „Ich!“

Was machen wir beim Sommerfest?

Text: Rolf Krenzer, Melodie: Martin Göth

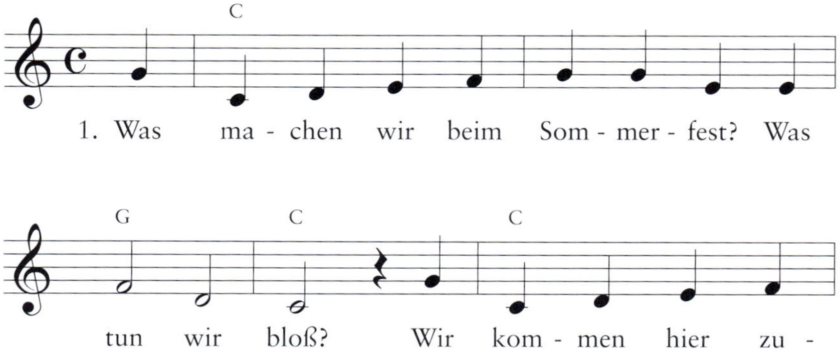

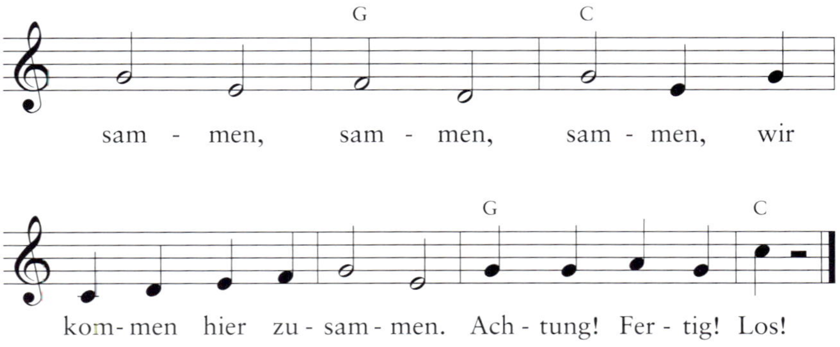

2. Was machen wir beim Sommerfest?
   Was tun wir bloß?
   Wir geben uns die Hände, Hände, Hände,
   wir geben uns die Hände.
   Achtung! Fertig! Los!

3. Was machen wir beim Sommerfest?
   Was tun wir bloß?
   Dann singen wir ein Liedchen, Liedchen, Liedchen,
   dann singen wir ein Liedchen.
   Achtung! Fertig! Los!

4. Was machen wir beim Sommerfest?
Was tun wir bloß?
Dann tanzen wir ein Tänzchen, Tänzchen, Tänzchen,
dann tanzen wir ein Tänzchen.
Achtung! Fertig! Los!

5. Was machen wir beim Sommerfest?
Was tun wir bloß?
Dann spielen wir ein Spielchen, Spielchen, Spielchen,
dann spielen wir ein Spielchen.
Achtung! Fertig! Los!

6. Was machen wir beim Sommerfest?
Was tun wir bloß?
Wir laufen um die Wette, Wette, Wette,
wir laufen um die Wette.
Achtung! Fertig! Los!

7. Was machen wir beim Sommerfest?
Was tun wir bloß?
Wir trinken Limonade, -nade, -nade,
wir trinken Limonade.
Achtung! Fertig! Los!

8. Was machen wir beim Sommerfest?
   Was tun wir bloß?
   Wir essen süßen Kuchen, Kuchen, Kuchen,
   wir essen süßen Kuchen.
   Achtung! Fertig! Los!

9. Was machen wir beim Sommerfest?
   Was tun wir bloß?
   Nun grillen wir noch Würstchen, Würstchen, Würstchen,
   nun grillen wir noch Würstchen.
   Achtung! Fertig! Los!

10. Wenn dann das Fest zu Ende ist
    und alle gehn,
    dann sagen wir Auf Wieder, Wiedersehen
    und immer, immer wieder:
    Es war wunderschön!

Alle Vorschläge der Kinder können in weiteren Strophen aufgenommen werden. So kann ein ganz eigenes Lied zu dem Sommerfest entstehen, das dann von allen zur Begrüßung gesungen und gespielt wird.

Wenn Sima und Yannik Geburtstag feiern

Wenn man Geburtstag feiern will, muss man schon früh seine Freundinnen und Freunde einladen, damit auch wirklich alle Zeit haben und kommen können.
Sima hat erst am 18. Juni Geburtstag. Aber schon jetzt hat sie für alle Kinder, die zu ihr kommen sollen, die bunten Einladungskarten mitgebracht.
Zwei Nachmittage lang hat sie zusammen mit ihrer Mutter alle Karten ausgemalt. Ihre Mutter hat alles aufgeschrieben, was man wissen muss: Wann die Feier beginnt. Wo die Kinder hinkommen sollen. Wie lange es dauern wird. Zum Schluss hat sie noch die Namen auf die Umschläge geschrieben.
Es sind viele Kinder, die Sima eingeladen hat: Alicia und Melanie, Thilo und Uwe, Silke und Lisa-Sophie. Und Yannik, in den Sima ein bisschen verliebt ist. Aber das braucht keiner zu wissen. Höchstens Alicia, Simas allerbeste Freundin.

Yannik kann schon etwas lesen. Nicht viel. Aber das Datum auf seiner Einladungskarte – das kann er lesen, weil er es nämlich schon selbst geschrieben hat. Neulich hat seine Mutter es ihm vorgeschrieben und Yannik hat es neunmal abgemalt.
Er geht sogleich mit Simas Einladungskarte zu Sima.
„Ich kann leider nicht kommen!", sagt er.
Oh, Yannik sieht genau, dass das Sima ganz und gar nicht gefällt.
„Du musst aber kommen!", sagt sie. „Es ist mein Geburtstag!"
„Nein, *du* musst zu *mir* kommen!", sagt Yannik da. „Ich hab nämlich auch Geburtstag. Die Einladungskarten sind in meiner Tasche!"
„Wenn du nicht kommst, komme ich auch nicht!", schreit Sima so laut, dass Frau Landa aufmerksam wird und herüberkommt. „Was ist denn los?", fragt sie und schaut Sima und Yannik an.
„Er will nicht zu meinem Geburtstag kommen!", sagt Sima und hat eine tiefe Falte auf der Stirn.
„Ich kann nicht!", sagt Yannik. „Und sie will auch nicht zu mir kommen!"
„Hast du Sima denn eingeladen?", fragt Frau Landa. Yannik nickt. „Die Einladungskarten sind in meiner Tasche! Ich will sie nachher austeilen!"
„Wann hast du denn Geburtstag?", fragt Frau Landa.
„Am 18. Juni!", antwortet Yannik.
„Das geht nicht!" Sima ist so böse, dass sie fast mit dem Fuß aufgestampft hätte. „Am 18. Juni habe *ich* doch Geburtstag!"
„Hole einmal deine Karten!", sagt Frau Landa freundlich zu Yannik und sieht ihm zu, als er sie aus seiner Tasche holt.
„Darf ich sie lesen?", fragt Frau Landa und streckt ihre Hand aus. Bereitwillig reicht ihr Yannik den ganzen Stapel.
„Es stimmt wirklich!", sagt Frau Landa dann, als sie die erste Karte gelesen hat. „Yannik hat am 18. Juni Geburtstag!"
„Nein, ich!", schreit Sima und stampft nun wirklich mit dem Fuß auf.

„Der 18. Juni ist ein Freitag!“, sagt nun Frau Landa. „Und am Samstagmorgen brauchen die meisten Eltern nicht zu arbeiten. Sie kommen dann in den Kindergarten und frühstücken mit uns.“

„Sie bringen alle etwas zu essen mit!“, schreit Oliver begeistert. „Meine Mutti backt bestimmt einen Kuchen!“

„Mein Papa bringt Schinken mit!“, sagt Lena. „Schinken mag er am liebsten!“

„Meiner isst immer Stinkkäse!“, ruft Wolf. „Den muss er mitbringen: Dann haltet ihr es nicht aus!“

„Wir machen ein richtiges großes Frühstücksbüfet!“, sagt Frau Landa. „Da stellen wir dann alles drauf, was eure Eltern mitbringen. Und jeder kann sich das nehmen, was er mag!“

„Toll!“, ruft Sima begeistert. Sie hat ihren Ärger ganz vergessen.

Und auch Yannik ist überzeugt. „Das wird ein ganz besonderer Geburtstag!“, sagt er und freut sich schon.

„Ja, bestimmt wird niemand von uns diesen 18. Juni jemals vergessen!“, sagt Frau Landa. Dann schickt sie die Kinder nach draußen.

Heute, acht Tage nach der großen Kindergartennacht, schwärmen die Kinder noch immer davon.
Sie haben an diesem 18. Juni wirklich bis tief in die Nacht gefeiert. Samis und Yanniks Mütter haben für alle in der Gruppe Kuchen gebacken – ein Kuchen besser als der andere.
Am Nachmittag haben sie schon mit dem Feiern angefangen.
Und dann hat plötzlich Yanniks Vater mit seinem großen Bus vor dem Kindergarten gestanden. Das hat keiner gewusst. Nicht einmal Frau Landa. Es war eine richtige Überraschung. Yanniks Vater hat eine Busfirma. Auch die Schulbusse gehören ihm.
Und am 18. Juni hat er alle Kinder zu einer Busfahrt eingeladen. Er hat sie bis zu dem kleinen Tierpark in Neustadt gefahren. Und dort hat er sie alle in den Tierpark eingeladen. Als er sie zurückbrachte, gab es schon Abendbrot.
„So gut hat es mir zu Hause noch nie geschmeckt!“, sagt Nicole und die anderen nicken zustimmend.
„Frau Landa kann aber auch tolles Rührei machen!“, meint Thilo.
„Und der Quark mit Schnittlauch war sogar noch besser!“
Wieder nicken alle.
„Beim Nachtspaziergang hat die Lena Angst vor Gespenstern gehabt!“, schreit Uwe. „Und kein Einziges ist gekommen!“
Lena bleibt ganz ruhig.
„Hast du nicht in der Nacht ins Bett gemacht?“, fragt sie Uwe.
Uwe wird rot bis über die Ohren.
„Ich habe nur geträumt!“, sagt er. „Und dann habe ich das Klo nicht gefunden!“
„Nachts ist vieles anders als am Tag!“, meint Frau Landa, die alles mitangehört hat. „Waren denn die Gutenachtgeschichten spannend genug?“
„Und wie!“, rufen die Kinder.
„Am schönsten wäre es, du würdest sie alle noch einmal vorlesen. Oder nur die Geschichte vom ersten, zweiten und dritten Gespenst!“

„Und noch einmal alle Lieder singen!“, ruft Alicia dazwischen.
Am Morgen nach dieser Nacht sind alle Eltern gekommen. So ein tolles Frühstück hat vorher noch keiner gesehen.
„Es gab sogar Kuchen und Torten!“, erinnert sich Silke.
„Und Schinken!“
„Und Käse!“
„Streichkäse und Stinkkäse!“
„Salami!“
Jens leckt sich noch nachträglich über die Lippen. So gut hat es ihm geschmeckt!
„Es war der allerschönste Geburtstag überhaupt!“, sagt Yannik. Und Sima nickt ihm zu.
„Dann seid ihr euch auch wieder richtig gut?“, fragt Frau Landa und lacht. Die beiden nicken.
„Natürlich!“, sagt Sima. Dann steht sie auf und geht zu Frau Landa. „Er ist nämlich mein Freund!“, flüstert sie Frau Landa ins Ohr. So laut, dass es alle hören.
Yannik grinst. Es macht ihm nichts aus. „Heute gehen wir Eis essen!“, sagt er nur.
„Er hat mich eingeladen!“, flüstert Sima.
„Wir gehen zum Italiener!“, meint Yannik und kramt das Fünfmarkstück hervor, das seine Mutter ihm geschenkt hat.
„Dann feiern wir zwei noch einmal zusammen Geburtstag!“, strahlt Sima. Frau Landa sieht ihr an, wie sehr sie sich auf das Eisessen mit Yannik freut.
Yannik sitzt da und schmunzelt vor sich hin.
„Worüber freust du dich?“, fragt ihn Frau Landa.
„Einfach so!“, sagt Yannik.
Mehr will er nicht sagen. Er kann doch Frau Landa und den anderen nicht erzählen, dass er heute Nachmittag nach dem Eisessen Sima vielleicht einen Kuss geben will.
Einen Kuss auf die Backe.

Indianerlied und Cowboysong

Text: Rolf Krenzer, Melodie: Martin Göth

2. Dann schleichen die Indianer
wie Schlangen durch das hohe Gras.
So schleichen die Indianer,
jippi jey, jey, jey, jey,
jippi jey, jey, jey, jey.
So haben die Indianer
beim Schleichen ihren Spaß.
Wir schleichen wie Indianer,
jippi jey, jey, jey, jey,
jippi jey, jey, jey, jey.
Wir schleichen wie Indianer
und das macht allen Spaß.

3. Dann werfen die Indianer
das Lasso übers hohe Gras.
So werfen die Indianer,
jippi jey, jey, jey, jey,
jippi jey, jey, jey, jey.
So haben die Indianer
beim Werfen ihren Spaß.
Wir werfen wie Indianer,
jippi jey, jey, jey, jey,
jippi jey, jey, jey, jey.
Wir werfen wie Indianer
und das macht allen Spaß.

4. Dann tanzen die Indianer
sie tanzen fröhlich übers Gras.
So tanzen die Indianer,
jippi jey, jey, jey, jey,
jippi jey, jey, jey, jey.
So haben die Indianer

beim Tanzen ihren Spaß.
Wir tanzen wie Indianer,
jippi jey, jey, jey, jey,
jippi jey, jey, jey, jey.
Wir tanzen wie Indianer
und das macht allen Spaß.

5. Dann schlafen die Indianer
und liegen müd und faul im Gras.
So schlafen die Indianer,
jippi chrr.., chrr.., chrr.., chrr..,
jippi chrr.., chrr.., chrr.., chrr...
So haben die Indianer
beim Schlafen ihren Spaß.
Wir schlafen wie Indianer,
jippi chrr.., chrr.., chrr.., chrr..,
jippi chrr.., chrr.., chrr.., chrr...
Wir schlafen wie Indianer
und das macht allen Spaß.

6. Doch morgen früh, dann reiten
sie wieder durch das hohe Gras.
So reiten die Indianer,
jippi jey, jey, jey, jey,
jippi jey, jey, jey, jey.
So haben die Indianer
beim Reiten ihren Spaß.
Wir reiten wie Indianer,
jippi jey, jey, jey, jey,
jippi jey, jey, jey, jey.
Wir reiten wie Indianer
und das macht allen Spaß.

Das Indianerlied lässt sich leicht in einen Cowboy- oder Cowgirl-song verwandeln. Statt der Indianerkleidung und der Feder im Stirnband ziehen wir dann Cowboystiefel und Jeans an und setzen einen Cowboyhut auf den Kopf. Dann singen wir:

So reiten alle Cowboys
auf ihren Pferden durch das Gras ...

So treiben alle Cowboys
die Rinder durch das Steppengras ...
(so haben alle Cowboys
beim Rindertreiben Spaß).

Dann werfen alle Cowboys
das Lasso übers Steppengras ...

Dann tanzen alle Cowboys
den flotten Cowboytanz im Gras ...

Dann schlafen alle Cowboys
am Lagerfeuer müd im Gras ...

Doch morgen früh, dann reiten
die Cowboys wieder durch das Gras.
So reiten alle Cowboys,
jippi jey, jey, jey, jey,
jippi jey, jey, jey, jey.
So haben alle Cowboys
beim Reiten ihren Spaß.
Wir reiten wie die Cowboys,
jippi jey, jey, jey, jey,
jippi jey, jey, jey, jey.
Wir reiten wie die Cowboys
und das macht allen Spaß.

Jonathan und der Kindergarten

Jonathan war dreieinhalb Jahre alt, als er zum ersten Mal zwischen seinen Eltern, von beiden fest an der Hand gehalten, in den Kindergarten kam. Er war bisher nur zu Hause gewesen.

Einmal, vor einem halben Jahr, war er einen Tag lang bei einer Tagesmutter gewesen, weil noch kein Kindergartenplatz für ihn frei war. Das muss für ihn so schlimm gewesen sein, dass die Eltern ihn zu Hause kaum beruhigen konnten. Er schrie wie am Spieß, als sie ihn am nächsten Morgen in den Wagen packten, um ihn wieder dorthin zu fahren. Dabei hatte die Tagesmutter einen außerordentlich netten Eindruck gemacht.

Beide Eltern arbeiteten in einem Heim für geistig Behinderte im Schichtdienst und hatten es sich so einrichten können, dass immer eins von ihnen zu Hause war. Ein älteres Kind ging bereits zur Schule, das jüngste war gerade so alt geworden, dass die Mutter wieder ihre Arbeit aufnehmen wollte.

Jonathan kam mit seinen Eltern vor den Sommerferien. Mit Frau Steinmetz war ausgemacht, dass er den Kindergarten ein paar Mal mit seinen Eltern zum „Schnuppern" besuchen durfte, um sich ein bisschen einzugewöhnen und zu erleben, dass es gar nicht so schlimm dort war.

Am ersten Tag ließ Jonathan die Hände seiner Eltern erst nach langer Zeit los. Dann stand er da und guckte zu, was die anderen spielten. Wenn ihn Frau Steinmetz ansprach, nickte er nur oder schüttelte den Kopf. Sichtlich erleichtert ging er nach etwa einer halben Stunde wieder zwischen seinen Eltern davon.

In der nächsten Woche war er wieder da. Beide Eltern waren dabei, doch nur der Vater hatte ihn an der Hand.

„Er hat sich schon darauf gefreut!", sagte seine Mutter leise. Und Jonathan gab Frau Steinmetz gleich zur Begrüßung die Hand. Er nahm auch das große Bauauto dankbar an, das sie ihm reichte.

„Das hat er auch zu Hause!“, meinte sein Vater. Dann spielten sie alle drei zusammen mit dem Auto. Als Jonathan genug hatte, gingen sie wieder. Diesmal kam Jonathan bereits ganz selbstständig zu Frau Steinmetz, um sich von ihr zu verabschieden.
„Na, das wird ja!“, sagte sie und lächelte den Eltern zu.
Noch zweimal kam Jonathan mit seinen Eltern. Jedes Mal hatten sie extra zu Hause einen Babysitter für ihren Jüngsten engagieren müssen. Aber Jonathan wollte unbedingt beide mithaben.
Als er zuletzt da war, beteiligte er sich – zwar nur zögernd und vom sicheren Platz im Kreis aus – sogar an einem Kreisspiel. „Häschen in der Grube“ sangen sie und Jonathan sang ein bisschen mit, wenn er sich auch strikt weigerte, selbst einmal das Häslein zu spielen.
„Das kommt auch noch!“, sagte Frau Steinmetz, als sie gingen.
„Bis nach den Ferien dann!“, meinte die Mutter erleichtert. „Er spricht nur noch vom Kindergarten und freut sich darauf!“
„Ja, dann wird wohl nichts mehr schief gehen!“, fügte sein Vater hinzu.
Als Frau Steinmetz dem Kleinen nachsah, der sich jetzt an der Tür noch einmal umwandte, begann sie sich schon auf dieses sensible Kerlchen zu freuen.

Der erste richtige Tag im Kindergarten verlief dann ganz anders, als alle es erwartet hatten. Er wurde zur Tragödie.
Jonathan kam voller Eifer mit seinen Eltern, ließ sich sogar gleich auf ein Spiel ein, mit dem Frau Steinmetz mit der Gruppe der Kindergartenanfänger beginnen wollte, und hatte offensichtlich seinen Spaß dabei. Die anderen Eltern, die auch mit ihren Kindern gekommen waren und im Hintergrund standen und zuschauten, beachtete er nicht, seine eigenen Eltern kaum. Als dann ein Elternteil nach dem andern Frau Steinmetz kurz zunickte, bevor es leise ging, kümmerte er sich nicht darum. Er war so in sein Spiel vertieft, dass er es auch nicht wahrnahm, wie seine eigenen Eltern gingen.

Aber dann geschah es plötzlich und ohne Vorwarnung. Er blickte sich um, entdeckte seine Eltern nicht mehr und warf sich sogleich mit einem lauten Weinen auf den Boden. Weder Frau Steinmetz noch der Praktikantin, die mit in der Gruppe war, gelang es, Jonathan zu beruhigen. Er trat wild mit den Beinen um sich, wenn man an ihn herankam, weinte, schluckte und schrie sich heiser. An ein Arbeiten mit den anderen Kindern in der Gruppe war nicht mehr zu denken. Schon begannen mehrere, laut in sein Geschrei einzustimmen. Einen so schlimmen ersten Tag mit den Neuanfängern im Kindergarten hatte Frau Steinmetz vorher noch nie erlebt.
Sie hielt es lange Zeit aus. Über eine Stunde. Doch der Junge beruhigte sich nicht. Noch immer lag er heulend auf dem Boden und jammerte nach seiner Mama und seinem Papa.
Dann endlich ging Frau Steinmetz zum Telefon.
Der Vater kam kurz danach. Er wirkte genauso verzweifelt wie Jonathan, als er ihn auf den Arm nahm und hinaustrug. Trotzdem versuchte er, Frau Steinmetz noch entschuldigend zuzulächeln. Sie lächelte tapfer zurück und es tat ihr weh.
Am nächsten Tag kam die Mutter mit Jonathan.
„Er hat es einfach nicht begriffen, warum wir nicht mehr da waren!“, versuchte sie zu erklären. „Er hat seit seinen Besuchen vor den Ferien immer gedacht, dass wir im Kindergarten dabei bleiben. Es ist auch keiner von uns auf die Idee gekommen, ihn darauf vorzubereiten. Für uns war das so selbstverständlich.“
Und jetzt sollte Jonathan wirklich lernen, allein im Kindergarten zu bleiben. Ohne Mama und ohne Papa. Das war schwer.
Misstrauisch sah er sich an diesem Vormittag immer wieder nach seiner Mutter um und war erst beruhigt, wenn er sie erblickte. Die arme Frau musste den ganzen Vormittag in der Ecke aushalten, bis Jonathan mittags mit ihr nach Hause ging.
Am nächsten Tag musste sie zwischendurch einmal zur Toilette und erklärte dies Jonathan auch. Jonathan war einverstanden.

In den folgenden Tagen unternahm sie vom Kindergarten aus ihre Einkäufe. Sie kam dazwischen immer wieder einmal zurück, damit Jonathan sicher sein konnte, dass sie nicht ganz fort war.
In der nächsten Woche kam der Vater wieder mit. Irgendwann am Vormittag machte er dann seinem kleinen Sohn klar, dass er jetzt selbst zur Arbeit müsse. Jonathan trauerte zwar, als er ging, blieb auch lange noch mit starrem Blick zur Tür stehen, ließ sich aber nach einer Weile doch wieder mit einem Spiel beschäftigen.
Am Ende der zweiten Woche waren sie dann so weit, dass der Vater nur noch kurz mit in den Gruppenraum kommen und beim Ausziehen helfen musste, bevor er gehen konnte.
Und in der folgenden Woche, als die Mutter wieder mitkam, hatten sie es endlich geschafft. Es genügte schon, wenn sie ihn am Kindergarten ablieferte. Dann stürzte er sich sogleich auf Frau Steinmetz und die Praktikantin und all die anderen Kinder, mit denen er nach und nach Freundschaft geschlossen hatte.
Jonathan hatte es geschafft!

Das wünsche ich mir

Das wünsche ich mir:
Ich möchte mit dir
im Dunkeln ein Streichholz anzünden,
eine Murmel im Garten finden,
nach den Wolken am Himmel gucken
und von der Brücke ins Wasser spucken,
dich anfassen und quer durch die Leute flitzen,
bei meinem Lieblingsfilm neben dir sitzen,
dich atmen hören und dich riechen,
an heißen Sommertagen
deine Tasche und deine Jacke tragen,
mit dir mich im dunkelsten Eckchen verkriechen
und träumen und spinnen und flüstern und lachen ...
Lauter so Sachen,
die wir nur machen,
wenn wir zwei zusammen sind ...
Menschenskind!
Es ist wirklich wahr
und es wird mir klar,
dass es dann am allerschönsten ist,
wenn du zu mir kommst
und dann bei mir bist.

Faule Tricks?

Als der Zauberer in den Kindergarten kommt, glauben die meisten Kinder zunächst nicht, dass er wirklich zaubern kann. Aber dann staunen sie immer mehr, als er Blumen herbeizaubert und die Perlenkette von Frau Weißbier aus seiner Jackentasche herauszieht.
Nur Julian glaubt ihm nicht. „Das sind faule Tricks!", flüstert er seinem Freund zu. Zum Schluss holt der Zauberer eine kleine schillernde Kugel aus seiner Hosentasche und wirft sie hoch in die Luft. Da wird die Kugel immer größer, wird zu einem Ball und dann zu einem wunderschönen Luftballon, der in allen Farben strahlt.
„Oh!“ und „Ah!“ rufen die Kinder.
Da öffnet der Zauberer das Fenster und der bunte Luftballon segelt davon. „Er kommt irgendwann zu irgendeinem von euch wieder zurück!“, sagt der Zauberer und verbeugt sich.
„Alles Quatsch!“, sagt Julian. „Ich glaube ihm kein Wort!“
Doch als ihm seine Mutter am Samstag die kleine schillernde Kugel hinhält, die damals der Zauberer hatte, da sieht er sie völlig verdutzt an.
„Ich wollte deine Jeans waschen!“, sagt sie. „Was ist das für eine seltsame Kugel? Wo hast du sie her? Wie kommt sie in deine Tasche?“
„Das möchte ich auch wissen!“, sagt Julian leise und kann es einfach nicht fassen.

Die Tiere feiern Sommerfest

Ein Singspiel

Im Spiel werden bekannte Tiere vorgestellt. Dabei werden die Tierbewegungen und -stimmen nachgeahmt. Jeder darf mitmachen, Tiere benennen und Spielvorschläge machen.
Wenn wir uns wie die Tiere verkleiden, können wir das Singspiel beim Sommerfest vorführen.
Zu den einzelnen Strophen treten die unterschiedlichen Tiere auf und führen das aus, wozu der Liedtext anregt.

Mitspieler

Alle Kinder der Gruppe

Mögliche Spielformen

Spiel im Kreis oder im Halbkreis, drinnen oder draußen
Spiel auf der Bühne
Puppenspiel mit Spieltieren

Bühnenbild

Die Kinder sitzen oder stehen im Halbkreis oder im Kreis. Wer ein Tier darstellt, kommt hervor und geht anschließend wieder an seinen Platz zurück.Wir können auch alle nacheinander in die Mitte kommen und dort einen Kreis bilden, der immer größer wird. Zum Schluss fassen wir uns an den Händen und tanzen im Kreis herum.
Den Hintergrund kann auch ein Transparent (Gemeinschaftsarbeit) bilden, auf dem eine große Wiese oder Weide mit oder ohne Tiere zu sehen ist.

Requisiten

Eimer, Eier und sonstige Sachen, die die Tiere mitbringen können

Kostüme

Ohren, Schnäbel aus farbiger Pappe, Brille für den Uhu, Seile, Stricke und Fellreste als Schwänze, dem dargestellten Tier entsprechende Kleiderfarbe usw., Hirschgeweih aus Karton ausschneiden.

Orchester

Alle möglichen Melodie- und Rhythmusinstrumente.
Wir können aber auch alle lauthals singen und ganz auf Instrumente verzichten. Das Lied kann auch mit einer Gitarre begleitet werden.

Text: Rolf Krenzer, Melodie: Martin Göth

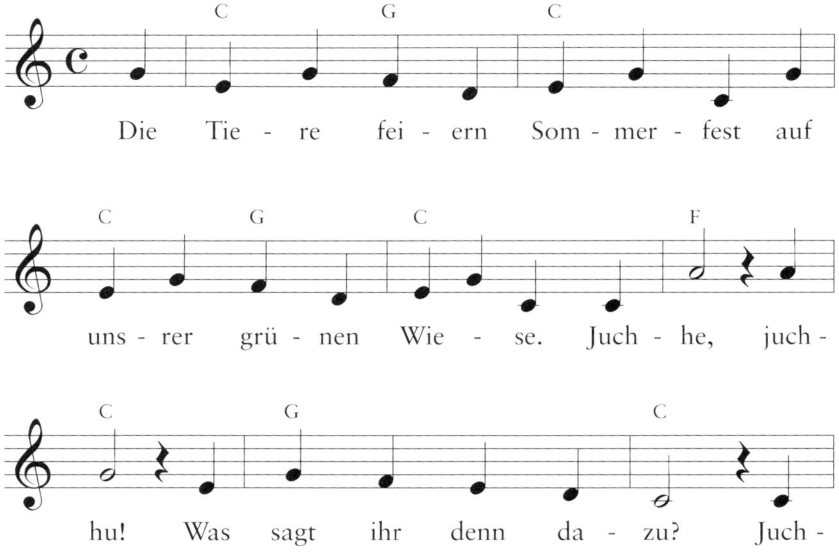

2. Das Eichhörnchen, so flink und klein,
das lädt die Gäste alle ein.
Juchhe, juchhu ...

3. Die bunte Kuh, die bunte Kuh
bringt einen Eimer Milch dazu.

4. Der Gänserich, der Gänserich,
der schnattert laut, so freut er sich.

5. Die Maus mit ihrem langen Schwanz,
die zeigt uns einen Mäusetanz.

6. Das Huhn, das flattert schnell herbei
und bringt zwei Eier oder drei.

7. Der Hahn erscheint so stolz wie nie
und kräht nun laut sein KIKERIKI.

8. Der Hirsch kommt aus dem Wald herbei
und zeigt uns allen sein Geweih.

9. Und aus dem Wald kommt auch das Reh.
Das Rehkitz ist in seiner Näh'.

10. Der Frosch in seinem grünen Kleid,
der hüpft so hoch und springt so weit.

11. Die Schnecke, die Schnecke
kommt langsam nur vom Flecke.

12. Der Spatz fliegt auf den Tisch hinauf
und pickt gleich alle Krümel auf.

13. Der Fuchs mit seinem schönen Schwanz
lädt alle ein zum Festtagstanz.

14. Die Hasen, die Hasen,
die tanzen auf dem Rasen.

15. Der Uhu, der Uhu,
der sitzt dabei und schaut nur zu.

16. Der Igel will im Kreis sich drehn,
dass alle seine Stacheln sehn.

17. Die Enten kommen auch herbei
und schnattern laut so mancherlei.

18. Die Katze, die Katze
reicht jedem ihre Tatze.

19. Das Pferd, das kommt aus seinem Stall.
Wer will, der reitet jetzt einmal!

20. Der Hund, der bellt: Wauwau, wauwau
und sucht nach einer Hundefrau.

21. Jetzt lässt sich auch der Pfau noch sehn.
Sein bunter Schwanz ist wunderschön.

22. Der Storch fliegt her aus seinem Nest
und freut sich an dem Sommerfest.

23. Das Schwein kommt aus dem Stall heraus
und ruht sich in dem Tümpel aus.

24. Aus seinem Teich kommt auch der Schwan,
damit man ihn bewundern kann.

25. Es kommt sogar die Ziege
und auch die Stubenfliege.

26. Sie sehn sich auf der Wiese um
und tanzen alle rundherum.

27. Und habt ihr Lust, dann macht doch mit
und singt und tanzt zu unserm Lied!

Haltet den Sommer fest

Spiel

Es spielen mit:

Erzähler(in),
die Sommersonne (trägt ein leuchtend gelbes Hemd oder einen gelben Pullover und hat einen gelben Strahlenkranz [aus Pappe ausgeschnitten] um den Kopf),
die Hasen Max, Moritz und Melanie (tragen braune Hemden oder Pullis, Hasenohren aus Pappe, Leder oder anderem Material, Stummelschwänze [Quasten hinten an der Hose aus Wolle oder Fell]),
das Reh Claudia und die Hirsche Fritz, Kurt und Holger (tragen braune Pullis oder Hemden, Geweih aus Pappe),
die Eule Eulalia (trägt eine große Brille und ein Kleid aus Federn oder das nach Federn aussieht),
die Füchse Waldemar und Walli (tragen eine rote Mütze und rötliche Hemden, dazu einen Schwanz).
ein Mann, eine Frau

Erzähler(in): In diesem Jahr wollte der Sommer gar nicht kommen. Noch im Juni war es so kalt, dass die Menschen in den Wohnungen ihre Heizungen weit aufdrehten. Die Tiere blieben in den Ställen und in ihren Höhlen und Verstecken und trauten sich nicht hinaus.
Danach regnete es und regnete. Viele Tage und Wochen lang. Fast bis in den August hinein.
Doch eines Tages, als der August fast herum war und alle die Hoffnung auf Sonne und Baden fast schon aufgegeben hatten, da kam der Sommer plötzlich doch noch.

Max: Hasenschwestern und Hasenbrüder, kommt heraus! Der Sommer ist endlich da.

Die Hasen rennen herbei.

Moritz: Ist das schön warm! Endlich können wir im Sonnenschein spielen.

Melanie: Seht doch nur, wie blau der Himmel ist. So schön war es lange nicht mehr!

Max: Aha, die Rehe und die Rehböcke haben es auch schon bemerkt.

Zwei Hirsche und ein Reh kommen von der linken Seite und stellen sich dazu.

Claudia: Hallo, ihr Hasen! Habt ihr es schon gesehen: Der Sommer ist da!

Kurt und Fritz: Hurra, der Sommer ist da!

Claudia: Wir haben so lange darauf gewartet!

Fritz: Unser Vetter Holger meint, wir sollten den Sommer jetzt nicht mehr loslassen! Sonst ist er schon im September wieder auf und davon!

Kurt: Unser Vetter hat gut reden. Wenn wir ihn nicht mehr loslassen wollen, dann müssen wir ihn erst einmal fangen.

Hirsch Holger kommt von der rechten Seite.

Holger: Ja, Freunde, wir dürfen den Sommer jetzt nicht mehr loslassen!

Melanie: Und wie sollen wir ihn fangen?

Holger: Tja! Wie fängt man den Sommer? Wir müssten zuerst mit der Eule sprechen!

Claudia: Kann denn die Eule den Sommer fangen?

Moritz: Der Hirsch hat ganz Recht! Die Eule ist klug und weise. Deshalb müssen wir die Eule fragen.

Max: Die Eule schläft.

Holger: Dann müssen wir sie eben wecken!

Max: Sie mag es gar nicht, wenn sie geweckt wird!

Fritz: Es ist wichtig! Das muss auch die Eule einsehen! Wir stellen uns hier vor ihrem Schlafbaum auf. Dann zähle ich bis drei und dann rufen wir zusammen.

Kurt: Und wenn sie nicht wach wird?

Holger: Wir rufen so lange, bis sie wach ist!

Fritz: Ich zähle jetzt! Eins!

Der Fuchs Waldemar und die Füchsin Walli kommen hinzu.

Waldemar: Was habt ihr vor?

Melanie: Wir wollen die Eule wecken!

Claudia: Es ist etwas sehr Wichtiges!

Fritz: Seid endlich still! Ich fange noch einmal an. Eins! Zwei!

Walli: Jetzt verratet es doch! Was ist denn das sehr Wichtige?

Fritz: Darf ich jetzt endlich bis drei zählen?

Walli: Ich habe doch fast gar nichts gesagt!

Fritz: Eins! Zwei! Drei!

Alle: Eulalia! Eulalia! Wach auf! Eulalia! Eulalia! Eulalia!

Die Eule Eulalia kommt im weißen Gewand und mit einem Wecker in der Hand heraus.

Max: Hilf uns, Eulalia, wir wollen den Sommer fangen!

Eulalia: Den Sommer kann man nicht fangen!

Moritz: Wir wollen es aber versuchen.

Holger: Und dann halten wir ihn fest, damit er uns nie wieder davonlaufen kann.

Eulalia: Und ihr meint, ihr könnt ihn festhalten?

Alle: Ja! Können wir! Du wirst es sehen! Dann wird es hier immer Sommer sein!

Erzähler(in): Die Eule zögerte und ließ sich immer wieder bitten. Schließlich aber winkte sie alle Tiere zusammen und flüsterte ihnen ihren Plan ins Ohr.

Die Tiere bilden einen ganz engen Halbkreis um die Eule.

Eulalia: Den Sommer könnt ihr nur festhalten, wenn ihr die Sommersonne einfangt und nicht mehr loslasst! Wartet den Abend ab, bis die Sonne hinter den Bäumen für diesen Tag untergehen will. Dann lauft von allen Seiten hinzu und kreist sie ein. Die Bäume werden sie festhalten und sie kommt nicht mehr los.

Erzähler(in): Die Sonne wusste nicht, was die Tiere vorhatten. Aber am Abend, als sie gerade hinter den Bäumen untergehen wollte, da ... Seht selber!

Die Sonne geht langsam auf die Bäume zu. Da stürzen von allen Seiten die Tiere herbei, kreisen sie ein und treiben sie hinter die Bäume. Die Bäume rücken so nah an die Sonne heran, dass sie zwar noch zu sehen ist, aber nicht davonlaufen kann.

Die Tiere: Fangt sie! Kreist sie ein! Wir kriegen sie! Helft uns, ihr Bäume! Gefangen! Wir haben sie! Wir haben die Sommersonne eingefangen und lassen sie nie mehr los! Jetzt muss sie für immer bei uns bleiben!

Erzähler(in): Ja, nun war die Sommersonne gefangen. Die Bäume hielten sie fest. Da saß sie und verbrannte fast vor Ärger. Von nun an gab es einen heißen Sommertag nach dem andern. Es war so heiß, dass die Menschen und Tiere bald unter der Hitze stöhnten.

Ein Mann und eine Frau kommen an der Sonne vorbei.

Mann: Es ist so heiß, dass wir es nicht einmal mehr im Schatten aushalten!

Frau: Wenn es doch wenigstens nachts etwas abkühlte!

Mann: Die Brunnen versiegen.

Frau: Bald haben wir kein Wasser mehr!

Mann: Die Flüsse trocknen aus.

Frau: Und draußen müssen die Tiere verdursten!

Sie gehen weiter. Die Tiere kommen. Sie schleppen sich nur mühsam vorwärts.

Fritz: Jetzt ist es schon Oktober und es ist immer noch so heiß!

Kurt: Alles Gras ist in der Hitze verdorrt!

Claudia: Es ist fast nicht zum Aushalten!

Holger: Das ist ein Sommer! So haben wir ihn uns gewünscht!

Max: Aber nicht bis fast in den November hinein.

Walli: Hilfe! Ich verdurste!

Waldemar: Mir geht es auch nicht besser!

Moritz: Seit Ende August kein einziges Wölkchen am Himmel!

Melanie: Was können wir nur tun?

Eulalia:	Lasst sie frei, die Sommersonne! Dann wird der Sommer gehen.
Kurt:	Ich trau mich nicht! Sie hockt da zwischen den Bäumen und sieht mich so böse an.
Fritz:	Sie wird uns fressen, wenn wir ihr zu nah kommen.
Melanie:	Sie wird uns verbrennen mit ihrer furchtbaren Hitze, zur Strafe, weil wir sie gefangen haben.
Claudia:	Und sie wird nie mehr wiederkommen! Dann wird es hier bei uns immer Winter sein!
Eulalia:	Sie wird euch nichts tun!
Max:	Verbrennen wird sie uns so wie das Gras und die Sträucher ringsumher!
Eulalia:	Sie wird wiederkommen und es wird wieder Sommer sein. So war es und so wird es bleiben. Nach dem Winter kommt der Frühling und nach dem Frühling der Sommer.
Erzähler(in):	Da beschlossen die Tiere, die Sommersonne freizulassen. Die Bäume traten auseinander und gaben sie frei. Und die Sommersonne ging davon.

Melanie:	Hilfe! Es ist so dunkel geworden!
Max:	Jetzt müssen wir immer in der Dunkelheit leben!
Claudia:	Quatsch! Es ist Abend und gleich wird es Nacht sein!
Fritz:	Und der Sommer ist vorbei!
Kurt:	Vorbei für immer und ewig!
Eulalia:	Unsinn! Morgen wird es wieder hell werden. Der Sommer ist gegangen. Aber er wird wiederkommen!
Melanie:	Wann?
Eulalia:	Nächstes Jahr! Ihr könnt euch drauf verlassen! Aber jetzt geht schlafen und stört mich nicht, wenn ich in der Nacht wache!
Erzähler(in):	Natürlich hat die Eule Recht. Der Sommer kommt jedes Jahr wieder. Und niemals mehr hat jemand versucht, die Sommersonne einzufangen oder gar festzuhalten.

Die Sonne kommt, wandert ganz langsam über die Bühne und geht dann hinter den Bäumen unter.

Rolf Krenzer
Auf einmal ist der Frühling da
Neue Geschichten, Spiele und 15 Lieder von Martin Göth
120 S., farbig illustriert, geb.
ISBN 3-7806-**2376**-5
CD mit 15 Liedern
ISBN 3-7806-**2378**-1
Buch mit CD
ISBN 3-7806-**2377**-3

Rolf Krenzer
Jetzt malt der Herbst die Äpfel an
Neue Geschichten, Spiele und 16 Lieder von Martin Göth
120 S. farbig illustriert, geb.
ISBN 3-7806-**2428**-1
CD mit 16 Liedern
ISBN 3-7806-**2430**-3
Buch mit CD
ISBN 3-7806-**2429**-X

Rolf Krenzer
Winterzeit, Kinderzeit
Neue Geschichten, Spiele und 14 Lieder von Martin Göth
104 S. farbig illustriert, geb.
ISBN 3-7806-**2311**-0
CD mit 14 Liedern
ISBN 3-7806-**2371**-4
Buch mit CD
ISBN 3-7806-**2372**-2

Rolf Krenzer
Macht euch bereit zur Weihnachtszeit
Neue Geschichten, Spiele und 15 Lieder von Martin Göth
128 S., farbig illustriert, geb.
ISBN 3-7806-**2416**-8
CD mit 15 Liedern
ISBN 3-7806-**2418**-4
Buch mit CD
ISBN 3-7806-**2417**-6

Rolf Krenzer
Ein Strumpf gehört an jedes Bein
Ein Liederbuch mit Melodien von Inge Lotz u. a.
160 S. mit 93 Liedern und farb. Illustrationen, geb.
ISBN 3-7806-**2425**-7

CD mit 26 Liedern
Texte von Rolf Krenzer, Melodien und Arrangements von Inge Lotz u. a.
ISBN 3-7806-**2427**-3

Buch mit CD
ISBN 3-7806-**2426**-5

Viele der ersten „Krenzer-Lieder“ gehören längst zum festen Bestand im Liedschatz von Kindergärten und Grundschulen, sind zu regelrechten „Kult-Liedern“ geworden, obwohl die Liederbücher, in denen sie enthalten waren, vergriffen sind. Mit „Ein Strumpf gehört an jedes Bein“ liegt nun wieder eine Sammlung vor, die über 90 der erfolgreichsten ersten Spiellieder von Rolf Krenzer vereint. Viele fröhliche Illustrationen begleiten die Lieder und machen Lust zum Blättern und Schauen.

Verlag Ernst Kaufmann
Alleestraße 2 · 77933 Lahr